本书获"南京农业大学课程群教学团队建设"资金支持

U0653360

中日
新闻编译

主　编　武　锐
副主编　胡志强　王　薇　刘　青
编　委　卢长煜　周慕昱　张亚泊
　　　　魏昌曼　赖　娅　王凌晨
　　　　毛佣吉

南京大学出版社

前　言

　　笔者受南京农业大学外国语学院之托，担任"日语应用与实践课程群"教学团队的首席教授。此课程群涵盖 18 门高年级日语应用与实践课程，但因为有些课程买不到教材，难以组织开展教学。教材是教师执教的参考，也是学生学习的资料。恰时我校日语翻译专业硕士有一门"日语编译理论与实践"选修课，这门课也因没有教材，无师愿教，形同虚设。2016 年笔者接受了该课的教学任务，决心和学生共同努力完成此课的教与学。我们采用以问题为导向的教学法，没有教材，自己编撰，为此分解任务，分工合作，收集材料，反复进行了阅读与比较。

　　为了将编译与翻译区别开来，我们须从海量的信息中，筛选出带有编辑意识的新闻翻译材料，然后大家集中展示研讨自己遇到哪些问题，解决过程和结果。将未解决的问题或者有疑问的地方提出来，大家共同思考协作解决。期末再以课程论文的形式予以考核。为此，我们师生都投入了很多精力，在讨论问题和分享成果的过程中，总结出了具有一定高度的编译理论知识，在实践运用的过程中，提高了编译技能。

　　编辑此书的目的，一是解决我负责的这个课程群建设的教材难问题，同时为高校的同行们节约点时间，可以腾出更多的时间和精力去搞科研。二是可以给想自学成才、进一步提高编译能力的朋友们，提供学习和进修的参考材料。

　　本书选择值得信赖的各大媒体公开发表的新闻为例进行译学研究，新闻内容庞杂，涉及领域广泛，编译难度大、要求高，因此本书具以下特点：注重对基本知识、基本编译技能的阐述，理论联系实际，注重理论在实践中的运用。

所举例子具有典型性和代表性，举一反三，提高读者的中日文阅读、理解、编译能力。此书也可作为新闻翻译、新闻译写、新闻编译等课程的教材或参考书。

南京农业大学外国语学院的领导、"日语应用与实践课程群"教学团队的老师们为此书的顺利出版给予了大力支持，研究生同学们为此书的汇编材料提供了重要的帮助，南京师范大学卢长煜对此书总辑稿、编纂及修改付出了许多辛劳和努力，南京大学出版社编辑董颖等给予了很好的建设性的修改意见。此书中的例文均来源于新华网、人民网、中国网、中国青年网、国际在线、中国科技网、参考消息网、北青网、金羊网，以及《中国青年报》、《北京晨报》、《钱江晚报》、《瞭望东方周刊》等国内主流媒体的报道，在此一并表示衷心的感谢！

编写好教材是我们努力奋斗的目标，期待广大读者及各界专家多提宝贵意见，鞭策我们不断进步和完善。

主编 武锐

目　录

第一章　相关概念及标准

第一节　相关概念

新闻编译顾名思义就是对新闻的编辑和翻译。在讲新闻编译之前,有必要弄清新闻、编辑、翻译和编译的概念。

一、新闻

由于认识主体的不同、新闻自身的发展变化以及符号意义的多样性,对新闻的定义可以说是异彩纷呈。目前新闻界关于新闻的定义并没有统一的说法。在我国新闻学术界,最权威的新闻定义是 1943 年陆定一提出的"新闻的定义,就是新近发生事实的报道"。范长江也对新闻下了一个定义,"新闻就是广大群众欲知应知而未知的重要事实"。王中教授引入传播学概念把新闻定义为"新近变动的事实的传布"。另外甘惜分教授把新闻定义为"报道或评述最新的重要事实以影响舆论的特殊手段"。[1]

新闻报道就是对新近发生的事实的报道。新闻的本质是讲究用事实说话,新闻是对客观事实进行报道和传播而形成的信息,反映在新闻信息中的内容必须对事实具有真实传达。但是,客观事实本身不是新闻,被报道出来的新闻是在报道者对客观事实进行主观反映之后形成的观念性的信息,是记者把自己对客观事实的主观传达出来而产生的信息。新闻报道最大的特点就是用

事实说话。

简言之,新闻也叫消息,是通过报纸、电台、广播、电视台等媒体途径传播信息的,是记录社会、传播信息、反映时代的一种文体。新闻是包含海量资讯的新闻服务平台,真实反映每时每刻的重要事件。人们可以搜索新闻事件、热点话题、人物动态、产品资讯等,快速了解它们的最新进展。

新闻可分为广义新闻和狭义新闻。广义新闻是指除了发表于报刊、广播、互联网、电视上的评论与专文外的常用文本,包括消息、通讯、特写、速写等。狭义新闻专指"消息",用概括的叙述方式,以较简明扼要的文字,迅速及时地对国内外新近或正在发生的具有一定社会价值的人和事实的报道,并使一定人群了解。按照新闻事实发生的地域和范围可分为国内新闻和国际新闻。按照新闻的性质可分为社会新闻、时政新闻、经济新闻、体育新闻、科技新闻、文化新闻、娱乐新闻等。[2]

新闻一般包括标题、导语、主体、背景和结语五部分。前三者是主要部分,后二者是辅助部分。写法以叙述为主,兼有议论、描写、评论等。

新闻体裁分为新闻报道、新闻评论和副刊三类。新闻报道包括消息、通讯、新闻特写、新闻公报、调查报告、专访等。新闻评论有社论、述评、编辑部文章、评论员文章、思想评论、理论文章等。副刊有散文、杂文、小品、诗歌、小说、剧本、报告文学、回忆录、曲艺等。[3]

二、编辑

汉语"编辑"一词最早见于《魏书·李琰传》,其中有言"修撰国史,前后再居史职,无所编辑",意指对史实资料的整理。其后,初唐贞观年间史学家李延寿所撰《南史·刘苞传》中亦有言"少好学,能属文,家有旧书,手自编辑,筐筐盈满"。盛唐时期的颜元孙《〈干禄字书〉序》中亦言"不撰庸虚,久思编辑"。宋代苏舜钦《题〈杜子美别集后〉》中言"今所存者才二十卷,又未经学者编辑,古律错乱,前后不伦"。以上材料中的"编辑"之意,则主要指对现存书卷的整理。[4]

中国的编辑工作早在商代就已出现,有文字记录的典册为证。事实上,中国的编辑业和中国的学术文化一样历史悠久,源远流长。正因为有了精湛且愈发成熟的编辑活动,灿烂优秀的学术文化才得以传承与发展。司马迁《史记》中的十表八书,就是编辑工作的结晶。《战国策》是一部善于叙事且具有强烈艺术感染力的国别体史书,是刘向根据《国策》、《国事》、《短长》、《事语》、《长

书》、《修书》等流行的不同本子,整理校订、精选汇集、确定书名而后编成的。[5]《资治通鉴》是北宋著名史学家、政治家司马光和他的助手刘攽、刘恕、范祖禹、司马康等人历时十九年编纂的一部规模空前的编年体通史巨著,这也是编辑史上的一部代表作。

由于科学技术的不断进步和文化活动的日益频繁,编辑工作的内涵不断扩大。除书籍、报纸、期刊、图画等出版物外,如今人们还可以利用音频、视频、符号、图像等获取知识、传播信息、交流思想等。通常情况下,编辑又可分为图书编辑、期刊编辑、报纸编辑、电视编辑及电子出版物编辑等。编辑一词随着时代的发展已成为一个多义词,一般又指专业性的工作,如出版社的选题、组稿、审读、加工整理等;非出版机构中文献资料的整理、编撰专业刊物等都是编辑的工作。有些编辑工作规模宏大,是一项复杂的系统工程,如国家编纂的大型百科全书、辞书和著作总集等。

在近代图书出版业、报刊业出现以后,有关新闻与出版的决策、组织、选择、加工、设计等方面的工作,其专业性逐渐形成,进而出现了"编辑"这一指代专业性工作、从事该专业的工作人员的概念。而新闻编辑是在现代新闻机构中,从事媒介成品生成过程中的决策、组织、选择、加工、设计、制作等专业性工作的总称,同时也指从事该工作的专业人员。

现代新闻机构中的编辑,按媒介可分为报纸编辑、杂志编辑、广播编辑、电视编辑、网络编辑等;按工作内容可分为文字编辑、图片编辑、言论编辑、版面编辑等。

三、翻译

关于什么是翻译的问题,中外学者在不同时期曾给出了不同的回答。唐代贾公彦在《义疏》一书中写道:"译即易,谓换易言语使相解也。"《现代汉语词典》中对翻译的定义是:"翻译是把一种语言文字的意义用另一种语言文字表达出来。"苏联著名语言学家巴尔胡达罗夫认为:"翻译是把一种语言的连贯性话语在保持其内容即意义不变的情况下改变为另一种语言的连贯性话语的过程。"而美国著名的翻译理论家尤金·奈达则认为翻译就是在译语中用最贴切、最自然的对等语再现源语的信息——首先是就意义而言,其次是就风格而言。

由此可见,翻译是两种语言间的转换过程,既是一种语言活动,又是一种思维活动,是同时运用两种语言表达思维内容的活动。翻译并不是简单的机

械运动,它兼有艺术和科学的双重特征。[6]

翻译是一门艺术,是语言艺术的再创作。如果要使译文再现原文风格,就必须经过判断、推理、演绎、归纳、抽象、升华等一系列思维创造的过程,而这种再现就是一种艺术。翻译的艺术性需要译者把握一个度,学会甘愿受限制以及忠实于原作是翻译艺术中最难学的部分。

著名翻译家冯庆华曾说过,如果把创作比成自由跳舞,翻译就是戴着手铐脚镣在跳舞,而且还要跳得优美。因为创作不受语言形式的限制,而翻译既要考虑到对原文的忠实,又要遵循译文的语言规则来表达原文的思想。从这个意义上来讲,翻译并不比创作容易,有时甚至可以说更难。鲁迅先生在谈及翻译甘苦时说过:“我向来以为翻译比创作容易,因为至少是无需构思,但真的一译,就会遇着难关。譬如一个名词或动词写不出,创作时候可以回避,翻译上却不成,也还得想,一直弄得头昏眼花,好像在脑子里摸一个急于开箱子的钥匙,却没有。”鲁迅先生此话已成为国内译界的一句名言,这从一个侧面说明了翻译之难。“译事三难信达雅。求其信已大难矣”,“一名之立,旬月踟蹰”,我国近代著名翻译家严复(1853—1921)的这两句话也道出了翻译的艰难程度。为了译好某个词,译者可能需要花费十天半月的时间潜心琢磨。这些深切的体会都说明优秀的翻译是一门艺术,就像画家用画笔把画的人物的形状和神态再现在画面上。[7]

翻译不仅是一门艺术,也是一门科学。翻译之所以具有科学性,是因为它不受译者意志的支配,而会受到诸如语法、修辞等规则的种种制约。翻译是一种可以系统地加以说明的活动,并且可以与各门不同的学科建立丰富有意义的联系。翻译也是一种技巧,因为在一定程度上,翻译的具体方法是可以传授的,而且人们做好翻译工作的能力是可以培养的,翻译水平也是可以通过不断的练习进行提高的。同时,翻译又是一种文化活动,如同阅读、写作一样。进而言之,翻译是一种复杂的、多层次的、实践性强的文化交流活动。

而新闻翻译不同于文学翻译。一个重要原因是运用于新闻作品和文学作品的语言存在差异。文学语言重在塑造艺术形象,而新闻语言重在传播新闻事实。文学语言的主要特征是再现性与表现性的高度统一、鲜明性与模糊性的和谐统一、语言气势与节奏的变幻多姿;新闻语言的主要特点是准确贴切、简洁明快、生动形象。二者的区别在于:新闻语言以“准确”为核心,文学语言则要求“不要摹写自然”。[8]

四、编译

早在几千年前我国的文人就提出了"文以辨洁为能,不以繁缛为巧"(刘勰,《文心雕龙·议对》),这是对编译最简洁的概括。从哲学的角度来讲,编译是指采用摘译的方法,再做处理和加工,正确处理量中求质、长中求短、乱中求序和一般需求中求特殊需求的几对辩证关系,编译就是指如何正确恰当处理这些辩证关系。

编译是翻译的一种形式和方法,集翻译与编辑于一身,不仅要求有较强的外语阅读能力、有关的专业知识以及分析和综合能力,做到吃透原作的内容,掌握它的要领,还要求能用另一种语言忠实而又通顺地把它再现出来。[9]编译是指编辑和翻译,是夹杂着编辑的翻译活动,是先编后译的过程。是根据翻译对象的特殊性和特殊要求,对一篇或几篇原作加工整理后再进行翻译的变译活动。加工是指将原作制成新作,以达到翻译的特定要求,另一层意思是使原文更完善,更能为译文读者所接受,整理则指使原文更加条理化或据译者要求更具针对性,调整秩序,使之有序化。[10]

编译因为其特殊性常被运用于新闻报道中。往往将一篇或几篇报道编译成一篇符合要求的新闻报道,在这一过程中产生了在新闻领域的特定翻译方法——新闻编译。卡伦·斯戴汀将 translating(翻译)和 editing(编辑)两个概念合二为一,提出了"transediting"(编译)这个概念。刘其中在《英汉新闻翻译》里对新闻编译做了这样的定义:"新闻编译是指通过翻译和编辑的手段,将用源语言写成的新闻转化、加工为译语语言新闻的翻译方法。与原来的新闻相比,经编译而成的新闻保留了原语新闻的中心思想和主要信息,内容更加集中,更加精炼,更加可读,更适合在译语国家或地区进行二次传播,也更适合译语语言读者们阅读和理解。"[11]在新闻编译工作中,编译人员受到各种因素的制约,使他们不能只顾译文对原文是否忠实,而也应关注译文在非本土环境中能否产生预期的传播效果,关注非本土的受众能否接受等诸多问题。[12]如今我们生活在一个信息爆炸的时代,政治、经济、文化等各种信息的全球化已成这个时代的一个重要特征。新闻媒体作为全球信息传播的媒介,在此背景下也扮演着越来越重要的角色。而新闻编译作为"翻译"和"编辑"的结合体,将承担着越来越重要的作用。伴随着信息时代的推进,对编译的研究也显得更加迫切,更加有意义。

国内翻译界对编译的关注和研究,始于 20 世纪 80 年代。如,1986 年,维颐、嘉祥、同均等在《翻译通讯》上发表《常用译法归类》,提出编译的定义,总结

编译的特点和存在的形式。1986年,邝日强在《上海科技翻译》上发表《我的业余编译活动》,对其多年积累的科技编译实践经验进行总结,同时也归纳了编译文本的诸多优点。1988年,战英民在《上海科技翻译》上发表《综述性译文的编译技法》,对编译的方法方式进行经验总结。1989年,黄汉生在《上海科技翻译》上发表《科技消息编译中的一些问题》,对国外科技材料抢译过程中所发生的问题进行总结,并提出须"在全面理解基础上,进行摘、编、改的工作"。1989年,王心纯在《中国科技翻译》上发表《漫话编译生涯》,从期刊编辑的视角漫谈多年编译的体会和心得。上述几篇文章,基本上被认为是中国编译研究的开端,此后,研究编译的文章日见增多。这也说明了学界对编译现象的兴趣越来越浓厚,对编译的研究也越来越深入,正朝纵深层面发展,有利于编译研究的不断深化。

上海外国语大学的马景秀长期关注新闻编译问题,早在2006年就从文化身份的视角分析了新闻编译中存在的协商式和抵抗式两种策略。她后来又曾提出"新闻编译的政治",从原作、赞助人、受众三个层面进行阐释,认为"忠于原文、适度加注"乃是新闻编译应有的策略。从具体的案例分析角度,有研究者从新闻编译者作为"二传手"的行为失范现象加以批判分析,也有的以具体的新闻事件为例,对编译具体层面的实效性和准确性进行探讨。但我们查阅近些年知网上的有关翻译、编译的文章后发现,其中很大一部分都是以外国语翻译理论为基础去对新闻编译进行研究,不管是方法论、功能主义角度论、顺应论,还是目的论、叙事论、后殖民视阈等,整体上大多停留于字词、情态、语句等基本的语言层面,或为翻译者提供技巧性的建议,或从字句间得出有关意识形态、编辑特点的总结。

从检索到的论文数来看,编译研究多涉及英文领域,日语编译则鲜有人问津。我国与日本互为邻国,无论是政治上还是经济文化上都时刻受到两国人民的关注,在国际新闻报道中所占比重较大。因此日文领域的编译研究就显得更加迫在眉睫,编译研究之路也将任重而道远。

第二节　编译的标准

编译与翻译不一样,并不是一字一句的翻译,而是对原文本进行重新压缩整理。因此,编译与翻译的标准也不相同。那么编译的标准有哪些? 本文将从主旨、主次内容、结构和语言风格等四个方面进行简要探讨。

一、主旨

编译的目的在于向译文读者介绍原文本的主旨。因此,主旨一致是编译的必然要求。在理解原文的过程中,编译者必须紧扣原文主旨,在压缩整理的过程中,编译者也必须以主旨一致作为压缩整理的要求。根据这一要求,压缩整理后保留下来的部分应该是原文本的主旨,能够忠实地反映原文本的主旨。如果编译者只是从原文本中随意地选取一些内容,那么这只不过是摘译,而不是编译。

确立了主旨这一必然要求,有利于编译朝着标准、合理、理性的方向发展。在编译实践中,编译者不能利用编译的特性,随意篡改、删减原文本;编译者也不能因为怕困难、图省事,只译自己会的、容易理解的部分,而对于长句难句,不是删减,就是仅译出大致意思。这样编译出来的作品,不仅内容残缺不全,而且主旨含糊不清,从而导致编译发生偏离。有主旨一致这一必然要求,不仅促进了编译朝着标准、合理、理性的方向发展,而且有利于进行编译。

二、主次内容

进行编译时,编译文必须涵盖原文本的主旨,即其中最有价值的信息。编译者在编译时,必须从原文本中挑出与主旨联系最紧密的观点,保留能反映原作特色的内容,然后尽可能根据其因果关联压缩、整理、组织文本,从而达到传达原文本信息的目的。

在编译时,编译者首先对原文本进行分析,不仅要吃透原文本的真正含义,而且要把握原文本的篇章结构和脉络。编译比全译更简短,观点更加明确,这是其理解阶段的区别。编译要求更加简短直接,用简洁的篇章表达与原文本主旨一致的意思,因此编译比全译更加复杂、更加困难。原文本篇章内容较长,有很多解释内容或例句,而编译要求能表达主旨即可,即使没有这些附属结构亦可。因此,编译者不仅要抓住原作的主题思想和主要观点,而且要分

清主次,辨别出哪些论据与主题思想之间关系紧密,哪些内容只是作为铺垫或者是解释性、重复性的叙述。特别是一些逻辑较乱但具有编译价值的原文,更需要编译者运用自己的理性思维,理清文章内容的内在逻辑关系,从而做出合理的筛选,保留其精髓的部分。[13]

在原文本中,有主要内容和次要内容,次要内容与全文的主旨的联系虽然不是很紧密,但有时体现出了文章的某些特色。例如在对新闻体裁的文章进行编译时,保留有关的统计数据、引文和消息来源,可以使编译文保持原作客观性与权威性的特点。此外,编译者出于某种目的,选择出原文本中的某些内容,也是其最需要的,这部分也可以保留。编译文本中可以保留的是其主旨,这是必然的,另外就是编译者自己的需求。

三、结构

为了达到编译的目的,实现编译作品的价值,就需要在结构层次上实现等值。编译文本本身反应了原文本的主旨,主题明确、条理清晰,它和原文本在总体上是等值的。

所谓的结构等值就是在编译时,编译者基本按照原作品的时间先后和逻辑顺序组织行文。因为编译是以原作的结构为基础,而且原作品其本身的篇章结构也相对合理,是经过一定的安排的,所以编译者基本可以按照原作品的时间先后和逻辑顺序组织行文。这也是编译与摘译的区别。顾名思义,摘译就是摘取一些信息进行翻译,并不在意主旨,只凭个人喜好。但是,由于编译文是经过压缩整理的,所以肯定会删除一些次要内容,并不能绝对遵循原作的时间先后和逻辑顺序。

当然,编译文本并不会完全拘泥于原文的结构形式,但在结构上应体现出合理、清晰的特点。原文本中某些重复性、模糊性的篇章结构以及例句,不应纳入编译内容,否则编译就失去了其意义。结构等值是有条件的、相对的,而不是无条件的、绝对的。

四、语言风格

因为编译文本删除了原文本中的次要内容,所以想必不可能在所有的语言层次上都遵循等值的原则。因此,语言风格上也会有差异。但是,编译文本的语言风格应尽可能与原文本的语言风格一致。同时,编译文本又有着自己的语言风格,即准确、流畅、精炼、灵活。

准确就是在编译时,编译者应尽可能对词、句仔细推敲,选择最恰当的词汇,以便达到传达原文主旨的目的。可以多查询资料,切不可随意翻译,也不可想当然地按字面意思直接翻译,要尽量避免"漏译""误译""猜译""胡译"。编译文应尽可能准确地传达出原作的主要内容。

流畅包含语句流畅和结构流畅,语句上应尽可能做到通俗易懂,避免晦涩难懂。结构上应清晰简洁,避免结构混乱,复杂难懂。

精炼体现在三个方面。一是内容精炼,即编译文中所保留的应该是原作中最有价值的信息。二是语言精练,即尽可能以最简洁明了的表达方式来传达原作中相应的信息。三是结构精炼,即以最短的篇幅、最紧凑的结构将这些信息合乎逻辑地组织起来。[13]

灵活则表现在编译并非全部翻译原作的内容,而是对原文本重新压缩整理。同时,无论是语言表达,还是篇章结构,均对原作的内容进行了重新加工整理。

参考文献

[1] 连波涛. 浅谈新闻的真实性原则[J]. 新西部(下旬. 理论版),2011(12):128.

[2] 孙世恺. 新闻的分类、题材及其运用(上)[J]. 新闻与写作,1985(5):15.

[3] 孙世恺. 新闻的分类、题材及其运用(中)[J]. 新闻与写作,1985(4):17-18.

[4] 许正林. 新闻编辑[M]. 上海:上海大学出版社,2002.

[5] 严安. 读者是编辑工作的核心——浅谈编辑的起源及如何做好新时期编辑工作[J]. 学术论坛,2010,33(11):172-174+178.

[6] 赵双,蔺玉荣,李滢. 翻译[M]. 天津:天津大学出版社,2010.

[7] 张健. 新闻翻译教程[M]. 上海:上海外语教育出版社,2008.

[8] 许明武. 新闻英语与翻译[M]. 北京:中国对外翻译出版公司,2003.

[9] 林煌天. 中国翻译词典[M]. 湖北:湖北教育出版社,1997.

[10] 刘丽芬,黄忠廉. 编译的基本原则——变译方法研究[J]. 中国科技翻译,2001(2):42-43.

[11] 刘其中. 英汉新闻翻译翻译[M]. 北京:清华大学出版社,2009.

[12] 郭子凯. 英语体育新闻的编译策略——中国网伦敦奥运会新闻编译译评[J]. 北京第二外国语学院学报,2013(5):2-3.

[13] 王涛. 编译标准初探[J]. 上海翻译,2000(4):15-17.

第二章　新闻编译

　　新闻编译即新闻的编辑和翻译，这种应用在新闻传播领域比较常见。这是一种将原语言的新闻稿转化成适合目标受众语言的作品。新闻编译并不是普通的翻译工作，不仅仅是把一种语言转换成另一种语言的工作，编译的过程受诸多因素的影响，是一件较为复杂且严谨的工作。

　　因为各个国家之间的文化差异和思维方式的不同，对新闻的需求也会有所不同，所以各国的新闻编辑人员在撰稿的时候也会有所差异。各个国家在进行新闻报道时，其目的也是各不相同，因而如果想要把本国的新闻传播给别国人民，就需要对原新闻进行编译。对新闻进行编辑的时候，不仅要根据译文受众群的信息需求和接受习惯进行筛选，还要根据译文受众群的阅读习惯来调整语篇结构，在遇到文化差异的表达时，编译者还需要进行解释，必要的时候要添加一些背景材料。新闻具有很强的时效性，所以这对于编译者来说是一项很大的挑战。同时，在现代信息高速发达的时代，对国际新闻的选材以及翻译都要及时迅速，新闻失去了时效性就不能被称为新闻了。

　　新闻编译对其工作者的要求相对要高，编译者不仅要精通两国之间的语言，还要熟悉两国之间的文化和表达习惯的差异，有丰富的国际文化知识，从两国的国情，到两国的行政，再到两国的社会生活，编译者都要有一定的了解。只有这样，编译者在编译的过程中才能尽可能降低错误率，避免传达错误的信息给大众。

第一节　新闻编译的原则

新闻编译者在编译的过程中,首先要对国外的新闻进行筛选,选出自己想要传达的新闻信息。选择合适的编译素材,在译前需要进行加工和处理,将原新闻编译成符合受众群兴趣喜好的新闻,从而达到自己编译的目的。对于原新闻也不是要百分之百信服及依赖。对于原新闻中出现的错误或者不符合受众国的文化风俗、逻辑表达的,编译时就要对其内容进行摘取、考证、调整。新闻需要对文字进行润色。在选择好编译的内容以及进行预处理以后,编译者在进行正式编译的过程中,最重要的一点就是要根据受众群的语言表达习惯来进行编译。

在对外报道和宣传的时候,编译者还应该遵循的一点就是以国家利益为重,报道应该是弘扬主旋律的,不应该搞些花边新闻来哗众取宠。如果新闻报道所选角度合理的话,在进行交流与传播的过程可以促进我国和日本的友好合作关系,同时也能树立中国的大国形象,让国家与国家之间减少隔阂,多点共同话题的交流,这对中日人民来讲,也是极其有意义的一件事情。[1]

一、译前准备

在进行新闻编译之前首先要确定所要编译的信息与受众群之间的相关性。编译者需要对原新闻进行筛选、排查、考证,其次是根据受众群的阅读习惯和文化习惯,改变原新闻的表达方式,调整原新闻的结构顺序,以期得到受众群的认可。原新闻的表达错误或者逻辑混乱的话,编译者有责任进行排查,按照受众群的阅读习惯重新编译出有序的新闻报道。

二、明确主题

主题是一篇文章的灵魂。所谓的主题就是整篇文章在围绕同一个中心讲述一件事情。所以在新闻编译的过程中最重要的也是主题明确。在原新闻的分析中,首先要看文章的整体内容,主题应该明确,写作意图也应清晰。同样这也是编译文章中应该注意的。如果原新闻过于复杂繁冗,就要把多余的内容进行删减,做到语言简洁明了,主题突出。如果原新闻并不严谨,编译者就要在排查、考证事实以后对原新闻进行再加工,使之凝练精确。

三、选材典型

在新闻编译的过程中也要遵守新闻的时效性,除了要第一时间关注国内外的新闻动态以外,在编译新闻内容的时候要尽量删除原新闻的图表或者多余的背景知识,只保留原新闻具有代表性的材料,以便突出新闻的典型性。

四、详略得体

在新闻编译的过程中,要根据新闻的主题、文体和读者的阅读习惯等来决定新闻内容的详略程度。对于能够突出文章主题的部分就要详细地进行介绍,烦琐多余的部分则省略就好。新闻中表达主题的材料可以多一点,与主题无关或者关系较小的尽量简略描述。根据文体的类型来决定详略。不同的文体有不同的表达方式,根据表达方式的不同来判断详略程度。根据读者的阅读习惯来决定新闻内容的详略程度,读者感兴趣的话题要详译,对于不能引起受众群共鸣的要略译。

五、篇幅合理

如原新闻的篇幅过长,就会显得措辞不够精确,主题不够简洁。这样的话就要编译者缩短篇幅,使之变成短篇幅的新闻结构,这样会让读者更容易阅读。但是总的来讲,不管是什么样类型的新闻,还是都要以简洁为主。新闻要做的就是用简短的语言表达最主要的事实。[1]

第二节 新闻编译的方法

在选材之后,编译者就进入编译的第二步:如何译？在汉斯·弗米尔的目的论看来,翻译是一种目的性行为,译者为了某种目的进行编译。因此,为了达到特定的目的,译者可能要采取相应的策略进行编译。

编译新闻稿的具体方法主要有直译和意译。直译是在译语语言条件许可的情况下使用的。既求准确转化原语新闻的内容,又尽量保持与原作新闻语言形式一致。"准确转化原语新闻的内容"是为了求"信",而"尽量保持与原作新闻语言形式一致"则是为了"达"。既"信"又"达"是翻译所要达到的根本目

的。但在实际编译过程中,有这种直译便可转化原语新闻深层内容的情况,但不多。因为两种语言之间的差异性总是大于其共同性。编译时还必须寻找一些直译之外的方法,如意译。意译是因为两种语言在表达方式上的差异过大,为了准确地转化原语新闻的内容,不得不打乱原语新闻的语言形式,用符合译语语言表达习惯的句子结构进行转化的翻译方法。"准确地转化原语新闻的内容"是为了求"信",而"使用符合译语语言表达习惯的句子结构"的目的在于"信、达"兼顾。意译的新闻突破了原语新闻的句子结构,用不同于原语新闻的表达形式,准确地表达了原语新闻的内容。这样的译文在句子结构方面与原文相比可能已经"面目全非",或者只是"似曾相识",但其深层含义不仅没有背离原文,反而与原语新闻的意思更加接近了。[2]

一、编译的微观方法

编译的微观方法有省略、增译、选词、摘取、合叙、概括、调序等。

省略,是编译者为了达到某种目的而应用得最普遍的方法之一。译者经常会把与表达目的相悖或无关的内容省掉。译文可以省略但不能失"信"。

增译,是当编译者想通过编译充分表达自己的目的时,会插入原文中没有的词语或语篇。一般来说,译者会根据自己的兴趣或意图来增译。

选词,是当原文的表达方式或结构不符合译者的意图时,译者就会根据自己的目的做出多多少少的转换。语言的使用与其功能密切相关,不同的功能可以通过不同的方式来表达。选词就是实现各种功能的一种策略,尤其在新闻语篇中,不同的词汇可以实现不同的目的。

摘取,一般是编译的前提。凡编译大多要对原文进行取舍,这是编译的第一步。与摘译不同,编译中摘取的语篇至少是段。段一般有首括句、中心句或总括句,可统称关键句,它们显示段的主要内容。编译时,先速读原作,能从文段中迅速地分辨出有关宏旨的句子和关键语句。

合叙,就是将两个或两个以上相关的事物合并在一起叙述。与此相反的是分叙,合叙要求合并的叙述要准确精练,这种变通手法可用于叙述性文字和说明性文字。从句式上看,一句合叙代替了几句分述,足见其表意简明练达。从关系上看,合叙讲究对事物陈述的对称性,常用"分别"一词来确定这种对称性的内容与秩序。如果分述句过多,句数膨胀,重复过多,内容分散,文章就会显得松散无力,因此将其水分压干,合而叙之,"合"是一种十分凝练、紧凑的句式。当然,合叙字数不宜过多,否则句子拖沓,读起来语气难接。

概括,最简单的办法是找中心句,如果没有中心句,则要对具体内容进行概括。李渔说过"意则期多,言惟求少"(《闲情偶寄》),即是说以有限的篇幅、字数,反映尽可能多的内容,表达尽可能浓的韵味,传达尽可能多的信息。这就需要编译者有敏锐的眼光、成熟的思想和精湛高超的概括技巧。

调序,首先要做到通顺,"通"是行文造句合乎语法规范,合乎逻辑规律;"顺"是语句章节前后照应,合乎事物发展顺序,文气连贯,语意顺畅,读来上口。"通"在原作中一般问题不大,而"顺"就难说了。语序一指语法手段,二指话语章法上宏观安排的顺序。语言讲求组句成章、积章成篇的顺序性。编译为的就是让自己的读者看有序的文章,看得顺心。不少原作,"通"而不"顺"。"不顺"常表现为时间的不顺、空间的不顺、事物内部联系的不顺、论证说理思路的不顺。因此,遇到原作表达不清时,要多问问:本句属于本段吗? 本段在文中错位了没有? 全文的结构是否失调? 是否严谨? 另外,在删除部分原文后,有时要把剩下的文字(句、段等)安顿好,使之统一,有时需要重新排列,这属于调序。调序要从原作的整体出发,使各部分合理而自然地连接起来,形成和谐的统一体。常采用的是:改散乱为严谨,改失当为协调。具体表现为时间、空间、事理和论说四个方面的调序。

二、编译的宏观方法

编译的具体技巧是编译的微观方法,而对于文章内容的整体把握就要靠编译的宏观方法来实现。本节主要对段内编译、段际编译、篇内编译来做说明。

段内编译,实际上是句与句之间的编译。段中有的句子水分较多,有的陈述啰嗦,段内编译就是挤掉水分,留下段的主要内容或想要的主要内容。段内编译常用的就是删、并,也有用到调和转的。现对"并"再做进一步的阐述,句子结构有合有分,同一句话,既可将某些成分合起来,组在一句中,也可将其分开,各自成句。前者是合叙或缩合式,后者是分叙或疏散式。合叙是将一些成分合起来组成一句,合叙与分叙比较,句子结构相对繁复些;分叙是将可缩合成一句的分开,做成几句,内部结构自然就单纯一些。合叙一气呵成,结构紧凑;分叙关系疏朗,语意突出。

段际编译,是对段与段之间进行编译,此处相关联的段数大致为二三段。段的长短没有固定的标准,它由内容来决定。段的内容包括段旨和展开段旨的材料。段不可过长,也不可过短,长短要适度。过长,势必集中许多可以分

割的内容,使段出现几个中心,包含几层意思,不便于读者阅读理解。所以编译中的"合并"还包括将本该一分为二为三的段分开,并将它们归入各自相关内容中去。根据内容的需要,考虑对段的长短做适当安排。长段中的内容不属同一题旨的可分为两段或三段,几个短段的内容属于同一题旨的,要合并成一个长段。看原文段的次序先后,如果不合理,则按一定的顺序加以调整。段际编译时应注意段的单一性和完整性。单一性,就是指一个段只能有一个中心,不允许含多个中心,否则段内意思纠缠不清,头绪纷繁。完整性,是指段的内容完整,不能还未说完,又另生一段,使意义支离破碎。

篇内编译。段内和段际编译已接近篇内编译,从中可以看出段的内容对段的长短起决定作用。如文章的主要段,也叫中间段,是文章掐头去尾的中间部分,是与主题直接相关的重要部分,一般来说比较长,编译者需要判断如何详略叙述,该突出的重点加以详叙,而一般之处则以略叙,有话则长,无话则短。开头段提出问题,引入主要段,一般不宜长。良好的开头是成功的一半,开头要开门见山,最好不绕弯子,起笔接触主题。开头要简洁,问题提得明确集中,这样读者就会很快理解作者的意图,产生阅读兴趣。同时开头要引人入胜、有新意。好的开头如春花初绽,叫人一见钟情。结束段,收束有力,不宜放长拖沓,又不可草草收篇,更不能画蛇添足,而要顺乎文理的发展,自然结束。结尾要收束全篇,完成主题,使读者能对全文有一个完整而明确的认识。结尾要使读者得到满足感,令人回味,读过之后叫人难忘。

由于编译的语言单位是篇,编译的操作手段就显得丰富多彩,篇内编译主要有引言扩充法、摘要扩充法、三段概括法、中心开花法、结构调整法、结尾扩充法等六种常用的方法,限于篇幅,本文不引例作证,仅说出条理来。

引言扩充法。开门见山型的文章往往在引论、前言或第一自然段且第一句就提出中心内容或中心论点,译者只要沿着这一思路,找到相应的内容,即可编译成文。

摘要扩充法。好的摘要往往是纲要,文章讲了什么,重点是什么,观点有几方面,均一清二楚。译者纲举目张,按图索骥,也会找到便捷的扩充编译法。

三段概括法。没有摘要,重心也不集于引言部分的文章,则需要对开头、中间和结束语三个段落分别进行概括。

中心开花法。有的原文在论述过程中提出中心论点或展开情节,将主要内容放在文章正文中,编译时应该突出其中心思想,以推动情节的展开。

结构调整法。有些文章,一文通到底,原文一大块,不分层次,不加标题,

有冗长的感觉。编译后分节,加各级标题,打乱原先秩序,另行归类,重新调整顺序。

结尾扩充法。有的文章篇末点题,内容上依次是事实、道理、结论(中心论点),即先摆事实讲道理,然后归纳总结,属于卒章显态型,它与"引言扩充法"的方法相同。[3]

第三节　新闻标题的编译

俗话说"看书先看皮,看报先看题","题好一半文,眉清目传神"。标题是新闻和受众之间的桥梁,受众可以通过标题了解新闻,新闻可以通过标题宣传思想。一个好的新闻标题,犹如画龙点睛,能给新闻增色添辉,能帮受众选择阅读,使其产生共鸣。新闻标题是新闻的高度概括,它给予了读者对于新闻的最直观的感觉。我们甚至可以这样说,新闻标题在很大程度上决定了新闻的热度和可读性,设计一个恰当的标题对于新闻来说十分重要。编辑者会从新闻发生的时间、地点、人物、原因、内容和手段这些要素中提取最重要的部分加以总结概括构成标题。因此,读者通常只需要通过阅读标题就能够大致了解新闻的内容。

关于新闻标题的研究,刚健的《新闻标题制作的十种对比方法》从写作学的角度、即适应新闻写作的需要的角度,对新闻的体裁、语言、创作原则等方法加以研究,通过实例总结了十种新闻标题的制作方法。柳延涛的《略论新闻标题的修辞》、钱世宽的《新闻标题的修辞艺术》等从传统的修辞学角度出发,关注研究新闻标题中的语音、词汇、句式的转变,同义结构的选择和修辞方式的运用等。此外还有一些学者通过对新闻语言的语体特点和语言风格的研究,探讨了新闻标题的拟定,在此就不做累述。[4]

一、新闻标题的特点

新闻标题一般具有以下三个特征。一是简短。简短的新闻标题可以帮助读者只通过阅读标题就可在最短的时间内获取新闻的大致内容,另外,出于新闻排版的考虑,新闻的标题的字数必须要简短。二是高度概括。新闻标题概括了新闻的主要内容,因而有时新闻标题也被称作最短的新闻,读者只阅读标题便可了解到这篇新闻的内容,进而决定是否要继续仔细阅读,提高读者的阅

读效率。三是有吸引力。只有有吸引力的标题才能吸引读者的目光,才能提高新闻的阅读量,这是基于新闻的商业性价值而产生的。

下面结合中文的新闻标题和日文的新闻标题的实例看不同语言的新闻标题的特点。

类别	标题
时政	浇水浇在根上　扶贫扶在点上
	中国经济稳中向好　结构调整持续深化
	李克强将访比利时"欧洲心脏"澎湃中国动力
国际	日本举行"战殁者追悼仪式"天皇表示"深切反省"
	俄罗斯乐观民众增多　对国家经济形势看好
经济	央行开展2100亿元逆回购"削峰填谷"思路不会变
	税费"红包"激活经济"细胞"(治国理政新思想新实践·新理念引领新发展)
军事	反恐尖兵:"雪豹"与"猎鹰"
	维护和平,中国蓝盔有实力
	我军新型战略投送力量建设取得长足发展
社会	南方迎强降雨　国家防总启动防汛Ⅳ级应急响应
	十万志愿者　一座暖心城
体育	前瞻:申花豪赌足协杯　申鑫锋线双子星闪耀
	男篮亚洲杯—中国男篮61~60伊拉克　2胜1负获得小组第二

上表为近期人民网上刊登的中文新闻标题,所刊登的新闻类别大体被分成了时政、国际、经济、军事、社会、体育几大类。从这些标题中我们可以看出,这些中文标题一般对仗工整,讲究押韵,朗朗上口,"浇水浇在根上　扶贫扶在点上"、"十万志愿者　一座暖心城"这类对仗式标题十分常见;另外标题中"日本举行'战殁者追悼仪式'天皇表示'深切反省'"这类对熟语的善用也是中国新闻标题的一个显著的特点;最后"前瞻:申花豪赌足协杯　申鑫锋线双子星闪耀"、"李克强将访比利时'欧洲心脏'澎湃中国动力"中的"双子星"、"欧洲心脏"等比喻手法也时常可以在中国的新闻标题上看到。

下表为近期雅虎新闻网站中刊登的日文新闻的标题。雅虎的日文新闻大

致上被分为了时政、国际、经济、娱乐、体育、科技几大类。

类别	标题
时政	〈日米首脳〉北朝鮮ミサイル「発射阻止が重要」…電話協議
	「国民にとって実に不幸」河野洋平氏が安倍外交を批判
	〈慰安婦問題〉安倍首相、日韓合意再交渉に否定的
国际	米の行動見守る　正恩氏の意図
	知的財産巡り　中国が米に反論
经济	関西の駅　郊外の人口減進む
	どケチ教　吉本晴彦さん死去
娱乐	Webにジャケ写　ジャニ解禁?
	小室 KEIKO 病後初の歌声公開
体育	広島 M 再点灯　虎投手陣を粉砕
	浦和墜落の南米王者破り初 V
科技	電書の最安値契約 Amazon 撤回
	YouTuberヒカル年収は5 億円

上表可以看到,日本新闻标题大多是以名词结句,以动词结句的情况的一般不常见,遇到サ变动词保留词干部分,以求标题的简洁,这和上文列出的有关新闻标题的第一个特点相符合。与中文新闻标题相同的是,日文的新闻标题也比较重视标题的对仗工整,像"YouTuberヒカル年収は5 億円"、"米の行動見守る正恩氏の意図"等就是很好的例子,从例子中我们可以看出,日文的新闻标题对于对仗、押韵的要求没有中文的新闻标题高。另外,日文标题中英文、数字的出现频率也比中文标题高,这也是日本新闻标题的特色之一。

二、新闻标题的编译策略

尽管中日两国的新闻标题在命名方式上都有一定的相同之处,但两者在标题命题的视角、风格和信息上各具特点。接下来将以体育新闻标题的编译策略为例,来简述应该如何进行由中文新闻向日文新闻的标题编译。

1. 转换命题视角

例 1

中国花游双人摘银　防日本追俄罗斯　该走自己风格

中国がシンクロデュエットで銀メダル獲得　日本を抑えロシアを目指す

例 2

日本电视台播反省南京大屠杀纪录片　民众：真相不容歪曲

南京大虐殺ドキユメンタリーに日本国民「戦争の悲劇が繰り返されないことを望む」

　　体育新闻的主要受众从中国读者变成了日本读者，新闻标题的视角自然要跟着读者的变化而做出改变。原标题 1"中国花游双人摘银　防日本追俄罗斯　该走自己风格"，编译的日文版本是"中国がシンクロデュエットで銀メダル獲得　日本を抑えロシアを目指す"，中国视角的"防"，变成了较为客观的"抑制"，换掉了会给日本读者带来不适感的词汇。例 1 和例 2 都将面向中国读者的视角转换成了面向日本读者的视角，从客观角度分析全局。

2. 转换命题风格

例 3

中国体操男团失利启示录

中国男子体操チームが日本チームの経験から教訓にできること

例 4

中国女乒横扫日本　实现亚锦赛女团六连冠

卓球アジア選手権：女子団体で中国が日本に勝利　「中日決戦」が恒例に

　　中国的体育新闻命题风格和日本的体育新闻的命题风格有很大的不同。中国在做体育新闻的命题时，一般喜欢夸张、用"大"词。例 3 中的"启示录"、例 4 中的"六连冠"和"横扫"就是非常典型的例子，而日本在做体育新闻的标题命题时，更倾向于写实、用"小"词，因此编译人员将中文新闻转换成日文新闻时，需要转换新闻标题的命题风格，把"大"词变为"小"词，把"夸张"转换为"写实"。

3. 简化标题

例 5

第八届亚冬会 19 日开幕，中国队将参加全部 64 个小项的比赛　这次出

征,重在练兵

　第 8 回冬季アジア札幌大会が19 日に開幕、中国は64 種目に参加予定
例 6
韩日"慰安妇"风波难平　安倍晋三:不接受道歉等新要求
〈慰安婦問題〉安倍首相、日韓合意再交渉に否定的

　　中文囊括信息的能力要比日文强得多,如果编译时把中文标题一字一句全部翻译出来的话,标题就会显得格外累赘,因此需要删除中文标题中的一些内容,简化日文标题。例 5"第八届亚冬会 19 日开幕,中国队将参加全部 64 个小项的比赛　这次出征,重在练兵"在编译成日文标题时,就省略了后面的"这次出征,重在练兵",在简化标题的同时也突出了主题,删除了冗余的信息,可谓一举两得。另外,考虑到两国读者的立场不同,在遇到一些可能会给日本读者带来不适感的词也需要简化,如例 6 中的"风波难平",在日文标题中我们就看不到它的存在了,这也是标题简化的一个原因。

　　新闻的标题是新闻的门面,读者在阅读新闻时会根据新闻的标题来决定要不要对这篇报道进行深度阅读,因此编译好一篇新闻的标题是进行新闻编译的第一道关卡。新闻标题的特点主要有三个方面:简洁、概括力高、能抓住读者的眼球。中日两国的新闻标题在命名方式上都有一定的相同之处,但两者在标题命题的视角、命题的风格和命题的信息上都有所不同,各具特点,因此我们对新闻的标题进行编译时,需要采用一定的策略,视角的转换、命题风格的由大到小、标题的简化这几个策略可以为我们在编译新闻的标题时提供一些帮助,但新闻标题的编译策略不仅仅只有这三点,希望同学们在学习编译过程中可以探索、总结出一些新的方法,共同讨论学习。

参考文献
[1] 张代会. 对外宣传报道中的"度"与"适度"[J]. 新闻爱好者(理论版),2007(05):56-57.
[2] 蔡帼芬,徐琴媛. 国际新闻与跨文化传播[M]. 北京广播学院出版社,2003.
[3] 余泽梅. 跨文化传播与外宣新闻策略思考[J]. 新闻知识,2007(06):6-8.
[4] 史文静. 新闻标题的功能及其实现的语言策略[D]. 吉林大学,2004.

第三章 中日经济新闻编译

第一节 经济新闻的特点

经济新闻是有关生产、流通、分配、消费等一切经济领域新闻的总称。是具有社会意义和经济价值的新闻报道。经济新闻除了具有新闻本身的真实、及时等基本特点外,还不同于社会新闻、文化新闻、体育新闻等,具有自身鲜明的个性与特点。

一、政策性

经济新闻的政策性随处可见。有的是直接解释并宣传党和政府的经济政策,如财政、税收、物价等政策,表现了经济新闻的政策性特点;而有的新闻则会间接涉及有关经济政策的信息。现实中的个人与群体都生活在具体的政策环境和制度环境中,而经济因素早已渗透到各种政策与制度中,因此经济新闻中对政策越来越多的宣传与解读已成为必然趋势。

政策是一种资源。充分利用政策,发挥政策在生产力转化中的作用,是精明的生产厂家、经济管理工作者获取成功的法宝。政策又是一种限制,违背政策就必将受到政策的惩罚。政策的功用是体现在具体变化的事实上的。对具体的经济事实和经济管理类人物的报道,无不显露出政策所带来的影响,而用经济的视角去透视非经济的事实与人物,也往往折射出政策的作用。在人们

的价值观念由先前的政治领域转向经济领域的时代里,经济政策的宣传、解读、描述比以往任何时候都重要。[1]

二、专业性

经济是一门科学,经济新闻本身所固有的特点就是专业性强。经济新闻的专业性首先体现在经济新闻报道中专业性的经济理论、经济知识的阐述。经济领域的范围很广,如财政、税收、金融、外贸、工业、农业、交通、房地产、保险、证券、期货,等等。而报道这些经济领域或经济部门的经济活动,则需要具备专业性的经济知识。在报道非经济领域的经济活动时,如文教、卫生、科技、体育等领域的经济活动时,同样需要经济类的专业知识。如基础设施的建设、科技成果的市场转化与运用、商业化的体育运作等,都和成本与效益、投入与产出的经济内容有关。

一篇好的经济新闻报道,通常会就某种经济事实来阐发经济学的某一原理、市场的某种规则、经济发展的某种规律,而这些原理、规则、规律都是从大量的经济活动中总结概括出来的,是经济学知识的具体体现。经济学知识虽然抽象,但只要与现实发生的某种经济事实相结合,就能使一般的读者得以理解。即使是对经济政策的阐发,如果贯以经济学知识的解读,也能使报道生辉。如中国政府近年来提高个人所得税征收的门槛,除了缩小社会的贫富差距外,从经济学的角度来看,也是遵循了效益与公平兼顾的原则。[1]

经济新闻的专业性也表现在它的抽象性。在报道经济类新闻时通常会涉及该领域发生的社会事实、变化发展和未来趋势,这就难免会使用一些经济学术语、概念、数字、公式、图表等内容。如在报道宏观性的经济新闻时,经常要使用数字和图表,会用到经济学的专业知识来表述。运用这些专业内容也就是抽象化的表达形式,可以使经济新闻报道更专业、更有说服力。

三、服务性

任何类型的新闻都必须体现服务性,服务于受众,服务于社会,否则在市场经济的环境下便难以生存。相较于其他类型的新闻,经济新闻服务性的特点更为突出。从服务的对象来说,它既服务于政府,宣传政府的经济方针政策;又服务于企业,传递企业的经济决策;更服务于整个社会,提供人民群众所需要的经济信息。它以市场为纽带,串联起经济活动、经济关系、经济生活的诸多方面,为社会服务。

　　从服务的层次来说,经济新闻在不同的媒体中提供的新闻服务产品是不同的。在这个市场细分和目标受众群细分的时代里,各种媒体都在受众定位上下功夫,以提供给自己的受众群体合适的新闻产品,经济新闻的表现也不例外。[1]

　　从服务效果来说,经济新闻注重实用性,关心其对人们的经济认识、经济活动、经济生活产生的影响。这是经济新闻的服务性有别于其他类型新闻的服务性最为突出的地方。经济是现代社会发展的基础,实用是经济新闻的根本价值所在。人们的经济理念、就业选择、消费观念乃至政府经济政策的制定和各种法规的出台,都离不开经济新闻报道所产生的影响。相比于其他类型的新闻,在题材的选择上经济新闻注重贴近社会的经济活动和人民群众的经济生活,致力于报道与老百姓的经济利益密切相关的内容。

四、前瞻性

　　经济新闻的前瞻性是由经济新闻的专业性和服务性的特点所决定的。较之于其他类型的新闻,经济新闻前瞻性的特点也较为明显。前瞻性就是指在报道最新的经济事实、经济关系、经济现象的基础上,对事件的发展趋势、经济走向、市场情况做出预测,提出应对性的建议,以帮助人们在心理和行为上做好选择的准备。经济新闻前瞻性的特点需要经济新闻从业者具备准确的判断能力和良好的评估能力。

第二节　文本标题的编译策略

　　新闻编译人员需要对新闻内容进行把关。比如记者和编辑决定报道什么事、采访什么人、传播什么消息、何为重大新闻等。任何一篇新闻报道最醒目的部分一定是标题。一个亮眼的标题决定了读者是否会对此篇报道产生兴趣,这自然也就成了编译的第一步,即编译出一个合适的标题。

　　由于编译一般都是先编后译,所以在译之前需要一定的加工或预处理。预处理或加工是指将原作制成符合读者阅读兴趣来达到规范的行为。而在对标题进行编译后,大致会出现三种情况:标题完全相同、标题有所不同以及标题完全不同。

　　大部分情况下可以直接将中文标题译为日文,在这一点上严格来说是翻

译而不是编译。

例1

共享经济有多大？　12家充电宝共享平台融资12亿元

シェアリングエコノミーの規模は？　モバイル充電12社に12億元

例2

充电宝会成为下一个共享单车吗？

モバイル充電装置は次の「シェア自転車」になるか？

例3

中美元首对表　传递积极信号（望海楼）

中米首脳会談　積極的シグナルを発信

以上三组例子的日文标题就是根据相应的中文标题翻译而来的。一般在处理标题时都可以直接采用此类方法。

如果出现标题有所不同及标题完全不同的情况时，就需要结合新闻内容，从不同的侧重点出发，并考虑日本读者的阅读需求，对原标题进行编辑处理后再译出日文标题。

例4

雅万高铁项目进入全面实施阶段

インドネシアの高速鉄道　中国と提携して全面的に実施段階へ

在这组标题中最明显的不同就是高铁项目的名称是不同的。雅万高铁的全称是"雅加达—万隆高速铁路项目"。这是中国高铁第一次全系统、全要素、全产业链走出国门、走向世界。中国民众通过一些宣传和报道都能了解到这一信息，因此对雅万高铁并不陌生，迎合中国实情，中文标题直接写出了这条高铁线的简称。而日文标题考虑到日本读者对该线路不够了解，所以在标题中写明了该线路所在的国家——印度尼西亚，这就是充分考虑到了日本读者阅读需求的一个表现。另外，在编译日文标题时还增添了另一条信息，即这是一条由印度尼西亚与中国合作建造的高铁线路。如此编译过后的日文标题能够使日本读者在阅读这一新闻时，仅看标题就能知道印度尼西亚与中国合作建造的高铁进入全面实施阶段这一信息。因此遇到类似的标题我们就可以采用加译的方法将一些隐藏的信息增添进去，使得日文标题更易于日本读者理解。

例5

过半企业最关注贸易畅通　"一带一路"倡议打破贸易保护主义

「一带一路」建設で加速する中国企業の海外進出　保護貿易主義打破を目指す

在这组标题中,两者后半部分基本相同,但前半部分相差很大。中文标题强调企业关注贸易沟通,而日文标题强调中国企业加速进军海外市场。因此编译者应根据两国读者不同的出发点,选取不同的侧重点进行编译。

例6

共享单车"出海"　解决随意停放仍是难点

シェア自転車が次々海外進出　一連の問題点も

当中文标题中出现"出海"这类具有中国特色的且带有双引号的名词时,我们在编译的时候就该注意将其译成日本读者能看懂的表达。这组例子中的"出海"就编译成了"海外進出"。在经济类新闻中出现这类特殊名词的频率较高,因此一般可以借鉴其他新闻中的表达,尽量保持一致。另外,这组标题的后半部分是完全不一样的,相较于原来的中文标题,进行编译后的日文标题是一种更加概括性的表达。也就是说,共享单车引入外国带来的一系列问题中包含了随意停放的问题。若新闻内容中不止提到一个问题,在编译标题时则应尽量结合实际内容做出相应变化,而不是直接翻译中文标题。

新闻标题作为一篇报道的核心部分,要求编译者花更多的精力去进行编译。究竟是直译,还是要做出相应改变,这就需要我们在编译的过程中结合新闻内容,从不同的侧重点出发,并考虑日本读者的阅读需求等来进行具体操作。

第三节　文本正文的编译策略

比起让读者产生阅读兴趣的标题,文本正文作为新闻的主体也是同样重要的。与标题编译一样,其实大部分的中文新闻在编译成日文新闻时,是可以直接采用直接翻译这一方法的。若不直接翻译的话,在对文本正文进行编译时可采取以下几点策略来进行操作。

一、译前编辑

译前编辑就是指在对新闻进行编译之前要对文本进行编辑,根据具体需要可采取摘、调、并等编辑手段进行预加工。在经济类新闻的编译过程中,最常使用的是摘、减的编辑方法。

例7

中美元首对表　传递积极信号(望海楼)

贾秀东

2017 年 04 月 08 日 06:06　来源:人民网—人民日报海外版

当地时间 4 月 6 日至 7 日,中国国家主席习近平与美国总统特朗普在美国佛罗里达州海湖庄园进行了面对面的接触和交流。此次深入、友好、长时间的会晤,达到了为中美关系下阶段发展定基调、定方向、定框架、定路径的目的。

第一,双方同意在新起点上推动中美关系取得更大发展。两国元首均强调中美关系的重要性。习近平指出,我们有一千条理由把中美关系搞好,没有一条理由把中美关系搞坏。特朗普表示,美中两国作为世界大国,责任重大,双方应该就重要问题保持沟通和协调,可以共同办成一些大事。这表明,双方都认识到,中美关系对两国、对世界都很重要,不能掉以轻心,必须主动担当。

第二,双方就下阶段高层交往和对话合作机制达成共识。特朗普将应习近平的邀请对中国进行国事访问,这对两国关系的发展会形成新的推动力。双方还新建立了外交安全对话、全面经济对话、执法及网络安全对话、社会和人文对话 4 个高级别对话合作机制。这 4 个双边机制是对此前两国各层次、各领域对话沟通渠道的重新整合,有利于双方以务虚与务实相结合的方式推进中美关系。

第三,双方确定了今后一段时间重点合作领域及努力目标。中美可以合作的领域很多,潜力很大,预计双方会继续推进双边投资协定谈判,探讨开展基础设施建设、能源等领域务实合作。双方在重大国际和地区问题上的沟通和协调会继续保持,并有可能进一步加强。正如习近平所指出的,双方要做大合作蛋糕,制定重点合作清单,争取多些早期收获。

第四,双方同意妥善处理敏感问题,以建设性方式管控分歧。两国都有各自正在推进的内外优先议程,两国元首就此进行了交流。

对两国来说,这些优先议程有交集,也有利益不吻合的地方。此外,两国在台湾、朝核、南海等问题上也存在不同立场。两国应遵循不冲突不对抗、相互尊重、合作共赢的原则来处理彼此关心的议题。特朗普政府认可这些原则,对中美关系来说是积极进展。

中美元首会晤举世瞩目,其成功举行对中美关系的未来发展和亚太地区乃至世界的和平、稳定与繁荣都将产生重要的积极影响。此次会晤为中美关系走向注入了一定的确定性。人们常说,"形势比人强"。纵看中美关系发展大势,横看国际政治经济生态,"合作是中美两国唯一正确的选择"。习近平的这句话应成为中美两国有识之士的共识,成为两国政府制定政策的"座右铭"。

中美元首会晤让中美关系的一些迷雾散去,不过两国关系就像佛罗里达的天气一样,免不了阳光与风雨交替。虽说"阳光总在风雨后",但人为地给中美关系设置障碍,还是要尽力避免。特别是美方,应抑制住以"零和"游戏的思维看待中美关系,抑制住对华施压的冲动。当前,美国国内政治的复杂性以及特朗普执政之初的摸索期是中美关系面临的挑战。中美两国应以元首会晤为契机,加强沟通与协调,拓展交流与合作,让两国人民从中美关系发展中有更多获得感。

（作者为本报特约评论员、中国国际问题研究院特聘研究员）

（责编：袁勃）

中米首脳会談　積極的シグナルを発信

人民網日本語版　2017年04月08日　14:34

習近平国家主席は現地時間の6日と7日、米国フロリダ州の大統領私邸「マール・ア・ラーゴ」で同国のトランプ大統領と首脳会談を行い、両首脳は向き合って接触し交流した。今回の深く、友好的で、長時間にわたる会談では、中米関係の次の段階の発展に向けて基調を定め、方向性を定め、枠組みを定め、ルートを定めるという目的が達成された。人民日報が伝えた。(文：賈秀東・本紙特約論説員、中国国際問題研究院特任研究員。人民日報海外版コラム「望海楼」掲載)

第1に、双方は新しい起点に立って中米関係がより大きな発展を得られるよう推進することで同意した。両国首脳はいずれも中米関係の重要性を強調した。

　第2に、双方は次の段階のトップレベルの交流と対話メカニズムについて共通認識に達した。トランプ大統領は習近平国家主席の招待に応じて中国を公式訪問するとしており、このことは両国関係の発展に対して新たな推進力を形成するものと予想される。また双方は外交の安全保障をめぐる対話、全面的な経済についての対話、法執行(エンフォースメント)とネットワークのセキュリティについての対話、社会および人的・文化的分野における対話という4つのハイレベル対話協力メカニズムを新たに構築した。

　第3に、双方は今後一定期間の重点協力分野と努力目標を確定した。双方は今後、二国間投資協定交渉を引き続き推進し、インフラ建設やエネルギーなどの分野での実務協力を模索し展開していく。

　第4に、双方は敏感な問題を適切に処理し、建設的なやり方で食い違いを管理コントロールすることで同意した。両国にはそれぞれ進めている内外の優先的議題があり、両国元首はこれについて意見を交換した。また台湾、朝鮮の核、南中国海などの問題では異なる立場に立っている。両国は衝突せず、対抗せず、相互尊重、協力・ウィンウィンの原則を遵守してお互いが関心を寄せる議題を処理しなければならない。トランプ政権がこの原則を承認したことは、中米関係にとって積極的な進展といえる。

　中米首脳会談には世界中が注目しており、その成功は中米関係の今後の発展やアジア太平洋地域、ひいては世界の平和・安定・繁栄にとって重要かつ積極的な影響を与えるものとなる。今回の会談は中米関係の方向性に一定の確実性を与えたといえる。

　中米の首脳会談は両国関係に横たわる一連の迷いの霧を吹き飛ばしたが、両国関係はフロリダの天気のように、明るい日差しと風雨がこもごも訪れるのはやむを得ない。現在、米国の国内政治の複雑さとトランプ政権初期の模索状況が中米関係の直面する課題になっている。中米両国は首脳会談を契機として、コミュニケーションと協調を強化し、交流と協力を拡大し、両国国民が中米関係の発展からより多くの利益獲得感を得られるようにする必要がある。(編集 KS)

「人民網日本語版」2017 年 4 月 8 日

　　我们很清晰地可以看出在这篇新闻报道中，用到的方法是删减。即删除了原报道的一部分内容。除了原报道的第一段以外，其他的每一段在经过编译之后都有内容被删掉了。比如原报道第二段中的"习近平指出，我们有一千条理由把中美关系搞好，没有一条理由把中美关系搞坏。特朗普表示，美中两国作为世界大国，责任重大，双方应该就重要问题保持沟通和协调，可以共同办成一些大事。这表明，双方都认识到，中美关系对两国、对世界都很重要，不能掉以轻心，必须主动担当"。这部分内容是继上文两国元首都强调中美关系的重要性之后进一步详细阐述两国元首的具体表态，也就是说整个第二段是一个总分总的结构，而编译后日文版新闻中则将后半段的内容直接省略了。

　　原报道的第三段中"这4个双边机制是对此前两国各层次、各领域对话沟通渠道的重新整合，有利于双方以务虚与务实相结合的方式推进中美关系"的内容，在编译后的日本版新闻中被删除了。

　　原报道第四段中的"双方在重大国际和地区问题上的沟通和协调会继续保持，并有可能进一步加强。正如习近平所指出的，双方要做大合作蛋糕，制定重点合作清单，争取多些早期收获"在编译后的日文版新闻中被删除了。这两句话是站在中方的角度讲的，而日本读者对习主席指出的内容不一定熟悉，因此可以删除。

　　原报道第五段中"对两国来说，这些优先议程有交集，也有利益不吻合的地方"的内容，在编译后的日文版新闻中被删除了。第六段中"人们常说，'形势比人强'。纵看中美关系发展大势，横看国际政治经济生态，'合作是中美两国唯一正确的选择'。习近平的这句话应成为中美两国有识之士的共识，成为两国政府制定政策的'座右铭'。"这几句话表明的是中方的立场，日本读者属于除中美双方的第三方，因此在编译的时候这类信息可以选择删除。

　　最后一段中"虽说'阳光总在风雨后'，但人为地给中美关系设置障碍，还是要尽力避免。特别是美方，应抑制住以'零和'游戏的思维看待中美关系，抑制住对华施压的冲动"的内容，表明的是中方的一种态度和期望，在编译的时候可以删除。

　　结合中文报道和日文报道，我们不难发现编译后日文版新闻相较原报道更简洁、更客观。考虑到日文版新闻的受众是日本民众，所以原报道中的那些不直接涉及日本利益的内容可以删除。

二、主题明确

所谓主题明确是指一段话、一篇文章或一本书都只能有一个主题,它是整个篇章的灵魂,也是各种材料的统帅。主题明确也指在确定主题后要始终保持主题不变,行文也要紧扣主题,做到不偏不离,不节外生枝。通过编译使主题明确后,主题和论点就可以统帅材料,使材料足以说明主题和论点,使主题论点与材料相统一。

例8

共享经济有多大？　　12家充电宝共享平台融资12亿元

2017年05月13日04:30　来源:钱江晚报

这两年,没有车出行,不会不方便,打开租车软件,几分钟内就可接你上路。路上堵车,也不会堵心,"扫一扫"就能骑走单车,几公里内的路程不必再跑得气喘吁吁。遇到下雨天,更不用忧愁,选择附近借还点,到店扫码借伞,几个步骤就可避免淋雨的狼狈。没地方停车了,手机点一下就可以找到共享车位。就连逛商场时手机突然没电,也能找到救星。"共享经济"浩浩荡荡地来了,而上述提到的共享汽车、单车、充电宝、雨伞等早已引得一大批金主投资。

12家充电宝共享平台,融资近12亿人民币,40多家机构入局

每月几百元,天天穿大牌,你会与陌生人共享衣橱吗?共享经济有多大,这些你会租吗?

近日,陈欧3亿元投资街电,"国民老公"王思聪隔空放话:"共享充电宝要能成我吃翔。"

最近的事态发展,对王思聪来说似乎有些不利:充电宝成了继共享单车后的当红炸子鸡。在事情发生后的4天里,共享充电宝们又拿到了超7.5亿人民币的融资。据不完全统计,目前,已公开披露融资的共享充电宝平台有12家、融资金额近12亿人民币,40多家机构入局。

100元押金　就能免费充电一小时

潮人聚集的嘉里中心,自然是少不了共享充电宝的。在吴国平新开的"猪爸"餐厅门口,围观猪肉的顾客,总忍不住看一眼那个像浓缩格子铺的小箱子。这是一款名为"街店"的共享充电宝设备。

扫一扫二维码,注册成用户后,付99元押金,就能免费租用一小时,之后按每小时1元计费。要是丢了,99元押金就当赔偿了。

"租的人很多,看的人更多。"猪爸的一位工作人员说,每逢就餐高峰,这个格子铺 90% 的充电宝都被借走。"经常有超过一小时付费的,饭吃着吃着就忘了。"

据了解,目前共享充电宝有两种模式:以"小电"、"Hi 电"为代表的桌面模式;以"街电"、"来电"为代表的机柜模式。前者主要是一次性消费;后者为定点借还。归还方式则类似于共享单车,用户可以在公众号平台上根据充电宝的 GPS 定位,就近归还。

在收取押金和费用方面,不同类型的充电宝也有所不同。比如,"街电"需交 100 元押金,并自带数据线,收费标准为 1 小时 1 元,1小时内归还则免费,一天 10 元封顶;"小电"的桌用型充电宝无需押金,且配备数据线,用户只需扫码付款便可充电,费用也为 1 小时 1元……

40 家机构投了 12 亿　投资客不愿错过的新风口

共享充电宝的竞争很是激烈。公开数据显示,"Hi 电"已经进入5 个城市(以北京、上海为主),市场上已铺设近万台,并以每天数千台的规模生产。租借频率较高的充电宝,每日被打开 3~5 次。

"小电"已在北京、上海、广州、深圳等地已经开通服务,且有上万家商家加盟。还将在今年 5 月份开通 10 个直营城市、15 个渠道城市,1 个月内完成 30 个城市的市场布局。"来电科技"已入驻 80 多个城市。

据不完全统计,目前市场上已公开披露融资的共享充电宝平台有 12 家。

充电宝会成为下一个共享单车吗?

投资界对其似乎是看好的。3 月底以来,"小电"、"来电"、"Hi电"等相继宣布获得亿元级别的融资,行业火热的势头不亚于共享单车。截至目前整个行业约融资金额近 12 亿人民币,40 多家机构入局。

比如"小电"的投资方,有腾讯、红杉中国;"街电"有聚美优品、IDG 资本站台。其中"小电"融资最多,38 天内完成 3 轮融资,累计融资超 4.5 亿元。业内人士告诉钱江晚报记者,那些当时没有看准共享单车的,都不想再错过共享充电宝。

另一方面,充电宝的用户,似乎较单车的用户更多,使用频率

更高。

据了解,目前市场上有超过 8 亿的智能用户,用户在家以外的地点给手机充电的次数多达 1 亿多次。而对于"低头族"们来说,电量低于 70%,就要开始焦虑了。

消费者最关心的是是否安全 专家称木马攻击充电宝不难

作为一名用户,消费者最关心的是,共享充电宝,安全吗?前几日,有一位大 V 做了个实验,将带有 wifi 功能模块的最小款"Raspberry Pi Zero"(小型计算机)嵌入充电宝中,写好脚本后就能获取用户信息了。让人不寒而栗。

钱江晚报记者联系到了 360 安全专家简云定,他表示,理论上,装入一块"Raspberry Pi"的充电宝其实就相当于一台电脑,手机插在充电宝上就相当于连上了电脑,在电脑上能够做的事情,充电宝基本都能做。在电脑上我们可以给手机安装 APP、拷贝数据,所以,用"恶意"充电宝也是可以的。

"只要不是自己的充电宝,使用他人及第三方的充电宝都可能有一定的安全风险。恶意充电宝不仅会盗取信息,还有可能安装手机木马,删除手机数据等恶意功能。"简云定说。

那么,该怎么避免个人信息被盗取?"在使用充电宝时,如屏幕出现的任何要求用户点击'同意'、'确定'、'接受'等弹框,说明该充电宝可能有问题,都不要点击带有允许描述的按钮,而要点击'拒绝'、'取消'等。"简云定介绍,一旦手机 USB 调试模式打开,且点击了信任或同意等按钮,那么手机就将与另一端的电子设备建立可信的"链接通道",此时另一端想对这个手机发起任何请求甚至技术攻击,都将成为可能。

编辑:刘羡

シェアリングエコノミーの規模は? モバイル充電 12 社に 12 億元

人民網日本語版 2017 年 05 月 15 日 14:55

シェアリングエコノミーが鳴り物入りでやってきて、カーシェアリング、シェア自転車、モバイル充電装置のシェア、傘のシェアなどがすでに大勢の投資家を引きつけている。

シェアリングエコノミーの規模は? モバイル充電装置企業 12

社に12億元

　このほど聚美優品の創業者・陳欧氏が深セン街電科技有限公司に3億元（1元は約16.4円）を投資したが、万達集団の王健林会長の息子・王思聡氏は、「モバイル充電装置のシェアの成功は難しい」と放言した。

　最近の事態の推移は、王氏にとっていささか不利にみえる。モバイル充電装置はシェアリング自転車に続く大人気商品だからだ。事態が動き始めてからの4日間に、シェアモバイル充電装置は7億5千万元の資金を集めた。おおまかな統計によれば、すでに融資されることが明らかになったシェアモバイル充電装置プラットフォームの企業は12社に上り、調達資金は12億元に迫り、約40の企業や機関が資金を投入している。

　シェアモバイル充電装置の競争は非常に激しい。公開されたデータをみると、Hi電が5都市（北京、上海が中心）に進出し、市場に1万台に迫る充電装置を設置し、一日あたり数千台の規模で製造を進めている。レンタルの割合が高いモバイル充電装置は、一日の稼働回数が3～5回に上る。

　小電は北京、上海、広州、深センなどでサービスを開始し、商店1万店以上が加盟する。今後は今年5月に直営都市10ヶ所、ルート都市15ヶ所でサービスをスタートし、1ヶ月以内に30都市の市場で事業配置を行う予定だ。来電科技はすでに80数都市に進出している。

　大まかな統計によると、現在、融資を受けたことを明らかにしている市場のシェアモバイル充電装置企業は12社に上る。

　モバイル充電装置は次の「シェア自転車」になるか？

　投資界はモバイル充電装置を高く評価するようにみえる。3月末以降、小電、来電、Hi電などが相次いで1億元規模の融資を獲得したことを明らかにし、業界の熱い勢いはシェア自転車の勢いにも引けをとらない。これまでに産業全体で調達した資金は12億元に迫り、約40の企業・機関が資金を投入している。

　小電への投資者には騰訊（テンセント）や紅杉中国などがある。街電は聚美優品やIDG資本がバックアップする。小電の資金調達

額が最も多く、38 日間で3 回の資金調達を達成し、累計調達額は4
億5 千万元に達した。業界関係者の話によれば、「さきにシェア自
転車の隆盛を見抜くことのできなかった人たちはみな、シェアモ
バイル充電装置ではチャンスを逃したくないと考えているから
だ」という。

　またモバイル充電装置の利用者は、シェア自転車の利用者より
も多く、使用頻度もより高いとみられる。

　現在の市場には8 億人を超えるスマートフォンユーザーがい
て、自宅以外の場所での充電回数がのべ1 億回を超える。しょっちゅ
うスマートフォンをのぞく「うつむき族」たちは、バッテリーが
70％を切っただけで焦り始めるという。(編集 KS)

　例如,这一篇中文的经济新闻中以"100 元押金就能免费充电一小时"和
"消费者最关心的是是否安全　专家称木马攻击充电宝不难"为标题的两大段
内容,编译时均被删除了。因为整篇新闻讲的是共享经济的相关内容,而这两
段所讲的内容和主要内容的联系并不是非常紧密,因此在编译的过程中选择
了删除。将这两段删除后并不会使该新闻的主题显得不明确,或是在内容上
显得过于简单和单薄,反而能使具体内容更贴合主题。这就是主题明确的
体现。

三、详略得体

　在编译过程中,编译者可根据主题、主体和受众等方面决定原文内容的详
略程度。编译者应按读者的需要决定是否详略,如众所周知的内容应略译,受
众生疏的不太了解的但又必须的内容应详译。详略得当才能使新闻传达出该
传达的内容,使读者对所读内容既理解也感兴趣,这也是编译所追求的效果。
　　例9

美国商务部初裁中国产铝箔存在补贴行为

2017－08－09　11:05:14　来源:新华社

　　新华社华盛顿8 月8 日电(记者　高攀　金旼旼)美国商务部8
日公布初裁结果,认定从中国进口的铝箔产品存在补贴行为。根据
美方程序,美国商务部和国际贸易委员会将于今年底就此做出终裁。

　　美国商务部当天发表声明说,初步裁定中国出口到美国的铝箔

产品接受了 16.56% 至 80.97% 不等的补贴。此前,经美国铝业协会贸易执法工作组提出申诉,美国商务部于今年 3 月 28 日对从中国进口的铝箔产品发起反倾销和反补贴("双反")调查。

根据美方程序,美国商务部和国际贸易委员会将分别于今年 10 月和 12 月对上述调查做出终裁。如果两家机构均做出终裁,认定从中国进口的此类产品给美国相关产业造成实质性损害或威胁,美国商务部将要求海关和边境保护局对相关产品征收"双反"关税。

美国商务部数据显示,美国去年从中国进口的这类产品金额约为 3.89 亿美元。

中国商务部曾表示,美方应切实担负起维护多边贸易秩序的责任,希望美方相关行动及措施均符合世贸组织相关规则。中美双方应继续通过磋商和对话,综合考虑铝产业下游企业利益,妥善解决产业关注,实现世界铝产业合作共赢,促进世界经济发展,提高各国消费者福利。

米商務省　中国産アルミ箔に補助金ありの仮決定
人民網日本語版　2017 年 08 月 11 日 11:28

米商務省は 8 日、中国から米国に輸出されたアルミ箔製品に対する反ダンピング調査について、中国政府から 16.56～80.97% の輸出補助金を受けていたとする仮決定を下した。新華社が伝えた。

米側のプロセスに基づき、同省と米国国際貿易委員会(ITC)は今年の 10 月と 12 月に調査の最終決定を下す。両機関ともに最終決定において、中国から輸入された同類製品が米国の関連産業に実質的な損害または脅威を与えたと認定した場合、同省は税関・国境警備局(CBP)に関連製品に対する関税を徴収するよう求める。

同省のデータをみると、米国が昨年に中国から輸入した同類製品の輸入額は約 3 億 8 900 万元(約 424 億 1 300 万円)に上った。
(編集 KS)

在这篇编译后的日文报道中,将原报道的第一段和第二段合并成了一段。

这既符合前面所提到的译前编辑,也符合详略得体的特点。日文报道对原报道的部分内容进行了略译,如:原报道中提到的"此前,经美国铝业协会贸易执法工作组提出申诉,美国商务部于今年3月28日对从中国进口的铝箔产品发起反倾销和反补贴('双反')调查"在编译后的日文报道中就略译成了"根据对从中国进口至美国的铝箔产品的反倾销调查"。另外在原文第三段出现的"'双反'关税",在经过编译之后也直接略译为"関税"。

四、篇幅合理

最后是篇幅的合理性。有的原文篇幅过长,其主要原因是内容太多,措辞造句烦琐晦涩。若原文含有几个主题则可分为两篇或三篇,从而缩短每篇的篇幅。如:

例10

马云介入租赁平台,免押金时代要来了?

来源:羊城派   作者:陈泽云   发表时间:2017-08-11 09:46
羊城派记者   陈泽云

马云开始入局租赁市场了!

8月9日,杭州市房管局和阿里巴巴集团旗下创新业务事业部、蚂蚁金服集团旗下芝麻信用达成战略合作——

杭州市将借助阿里的技术能力、生态资源,打造全国首个"智慧住房租赁平台",把公共租赁住房、长租公寓、开发企业自持房源、中介居间代理房源、个人出租房源全部纳入平台管理。同时,引入淘宝评价体系、芝麻信用体系。

阿里系介入住房租赁市场引发了外界关注。不少人惊呼,租赁市场或将被颠覆,以后租房也可以上淘宝,租房市场有望进入"免押金"时代了。

多位业内专家表示,智慧住房租赁平台是对传统租房模式的革新,不过,这个新平台更多是对租房市场原有资源的整合,能否增加新的供应量并最终颠覆传统租房市场,还有待观察。

租房像逛淘宝一样简单?

据悉,建成后的杭州住房租赁监管服务平台,将实现供应主体、租赁合同网签、评价信用体系租赁环节的全覆盖;

实现国有租赁住房、长租公寓、开发企业自持房源、中介居间代

理房源、个人出租房源的全纳入；

实现企业、人员、房源、评价、信用等信息的全共享，从而着力解决租赁市场中房源信息不实、租赁关系不稳定、租赁行为不规范等诸多痛点。

目前，租赁房源采取的是自愿入驻的模式。在政府的支持下，未来有望将杭州整个房租租赁市场引入到平台上。

对此，链家广州研究院院长周峰指出，租赁市场存在的最大问题是信息不对称，将阿里的电商基因植入到租赁市场，将更好地实现买卖双方信息的对接。

"将租赁信息整合到同一个平台上，让信息更透明，这是对租赁市场的一次模式的创新。"广东省房协专家龙斌认为，如果该平台得以发展，未来租房或将变得更加高效，"像逛淘宝一样。"龙斌说。

免押金时代到来?

记者了解到，智慧住房租赁平台将引入"租房信用体系"，结合芝麻信用的实名认证、个人及企业信用评估、免押月付信用服务及信用黑白名单能力，为各个参与方建立诚信档案。

未来，每一套可租房源、每一个租客、每一个房东，以及每一个中介服务人员，都将对应一套完善的信用评价体系。信用好的房东，会获得更多租客的青睐；信用分高的租客，不仅可能免交押金，还有可能租金按月缴纳。

传统的租房市场，通常会"押二付一"。因此，租房的头一个月，往往需要交纳3个月的房租，这对于不少刚毕业尚无收入来源的年轻人来说，是一个不小的负担。

而依托阿里的信用评价体系，杭州人将有望率先过上"免押金"、"租金月付"的租房生活。

不过，信用租房、免押金模式能否大规模铺开，不少业内人士也提出了质疑。

龙斌指出，信用并不能完全跟押金画上等号，"押金是业主直接收取的，是租客入住后对于设备使用的一种担保，大规模免押金推行难度很大。"

周峰则认为，免押金能否推行还要看芝麻信用体系这个征信系统的权威性。如果该信用系统能被大部分人接受并认可，才能真正

推动信用租房时代的来临。

智慧租赁平台向全国推广?

阿里巴巴作为互联网巨头,此次高调进入杭州住房租赁市场,将成熟的互联网产品输出给政府搭建智慧住房租赁平台。

杭州市房管部门相关人士透露,住建部等相关部委希望杭州发挥互联网创新城市的优势,将住房租赁平台打造成全国创新模式的标杆,产品化落地成熟后向全国推广。

"租赁平台具备全国复制的基础,因为有市场,也有需求。"龙斌指出,不过,从目前来看,该平台只是为租客和房东提供多一个选择,还不至于"颠覆传统租赁市场"。

据介绍,实际上,对于租赁中介行业来说,最重要的还是"房源"。龙斌介绍,中介不只是扮演平台的作用,也承担着"经营"和"服务",需要投入大量的人力资源去开拓房源,同时做好租房后续服务。

因此,阿里的智慧租赁平台想要大规模推广,并对租赁行业产生颠覆,还需要在这些方面加大投入。

"目前看来,平台更多是现有资源的整合,对于租客的吸引力更大,但如何吸引更多业主、房源入驻,还有待考察。"龙斌指出。

周峰则指出,每个城市的租赁市场特点不同,阿里可以先在杭州试点,理顺各方关系,形成经验后,再向全国推广。

实际上,租售并举、建立双轨制的房地产市场长效机制,已然成为中国房地产市场的必然趋势。在中央的大力推进之下,各地相继发布了发展住房租赁市场的政策蓝图,住房租赁新政成为业界关注的热点,广东也成为了首批12个试点城市之一。

龙斌建议,要推动租赁市场的长期有序发展,除了引入互联网技术这种创新之举,更重要的还是健全租房法律法规,杜绝"临时加价、被提前赶走"这些现象,保障房东、租客的双方利益;

另一方面,政府可以在税收等方面有所倾斜,通过金融创新等多种手段,增加租赁市场的供应量,从而带旺租赁市场。

アリババが不動産賃貸業界参入　市場をひっくり返すか

人民網日本語版　2017年08月14日14:52

馬雲氏率いる阿里巴巴(アリババ)集団はこのほど不動産賃貸事

業に参入し、ついに不動産業界に「殴り込み」をかけた。今月9日、浙江省の杭州市住宅保障・不動産管理局と同集団傘下の革新業務事業部、アント・フィナンシャル傘下の芝麻信用が戦略的協力関係を結び、杭州市はこれからアリババの技術力とビジネス資源を利用して、全国初の「スマート不動産賃貸プラットフォーム」を構築することになった。「羊城晩報」が伝えた。

　不動産仲介業者はアリババの不動産業界進出をどうみるか。広州鏈家研究院の周峰院長は、「不動産賃貸市場における最大の問題は情報のミスマッチにあり、アリババのEC事業の長所を不動産賃貸市場で生かせば、売買双方の情報のよりよいマッチングが実現することになる」と指摘する。広東省不動産業協会の竜斌氏は、「賃貸情報を同一のプラットフォームに統合し、情報の透明度を高めることは、不動産賃貸市場のモデル革新になる。このプラットフォームが発展すれば、未来の賃貸事業はより効率的になり、淘宝（タオバオ）でネットショッピングを楽しむように不動産を貸し借りするようになる」と予測する。

　アリババが今回、杭州の不動産賃貸市場に参入し、成熟したインターネット商品を政府のスマート不動産賃貸プラットフォーム構築に組むことの影響は、杭州にとどまらないとみられる。住宅・都市農村建設部（省）など関係当局は、このプラットフォームを実用化させ、全国への普及をはかりたいとしている。

　竜氏は、「不動産賃貸プラットフォームは全国で普及する土台が備わっている。市場があり、ニーズもあるからだ。だが現在の状況から考えると、このプラットフォームは借り手とオーナーにより多くの選択肢を提供するにとどまり、従来の不動産賃貸市場をひっくり返すほどのものではない」との見方を示す。

　賃貸物件の仲介業者にとって、最も重要なのはやはり物件という資源だ。竜氏は、「仲介業者はプラットフォームの役割を演じるだけでなく、『経営』と『サービス』も担い、大量の資源を投入して物件資源を開拓し、賃貸契約成立後のアフターサービスをしっかりと提供しなければならない。そこでアリババのスマート不動産賃貸プラットフォームが業界にひっくり返るほどの影響を与えたい

なら、この面への投資を拡大することが必要だ」と指摘する。

　また竜氏は、「現在の状況から考えて、プラットフォームは既存資源を統合するものが多く、借り手をより多く引き寄せる力は強いが、貸し手や物件資源をより多く導入するにはどうしたらよいかは、これからの検討課題だ」と指摘する。(編集 KS)

　　这篇中文的新闻报道篇幅很长，有1 800多个字，而编译过后的日文报道只有1 000多个字。我们不难看出编译者在编译这篇新闻的时候，考虑到了篇幅合理这一方面，将一些内容进行了省略。如原报道中"免押金时代到来?"这一部分的内容在日文报道中完全没有出现。在"租房像逛淘宝一样简单?"这部分的内容中也有很大一部分被删除了。细读新闻，我们不难发现，这些内容被删除后，日文的新闻篇幅更加合理。当然这些内容也不是随意被删减的，日文的标题强调的是阿里巴巴进军房地产租赁领域，而中文原报道的标题中强调的是"免押金时代要来了?"这一主题，因此编译后的日文报道更贴合主题、篇幅合理。

五、兼顾细节

　　除了前面提到的几点之外还有一些细节也需要注意。由于经济类新闻最常出现的就是数字，而不同国家的货币表达也不尽相同，因此在编译的过程中应注意这一点。

　　例11
　　500亿美元
　　500億ドル(5兆6 500億円)
　　例12
　　10. 7亿美元
　　10億7 000万ドル(1 209億円)
　　例13
　　10万亿韩元
　　10兆ウォン(1ウォンは約0.1円)

　　在编译成日文的过程中应在括号内标注日文的表达，使日本读者更容易理解。

还有就是一些专有词汇的表达。
例 14
出海
海外進出
例 15
朝核
朝鮮の核
例 16
国新办
中国国務院新聞弁公室
例 17
调研机构 TrendForce 记忆体储存研究
調査会社トレンドフォースのメモリー研究部門
例 18
一带一路
「一带一路」(the belt and road)
例 19
B2B 商业模式
B2B(企業対企業)

还有在经济类新闻中常常会出现国家、地方等的名称,中文报道在表达两
个及两个以上国家或地区的时候,通常会采用缩写的形式,如"中美"、"中日"
等,而在此情况下编译成日文报道时就应该采用日语对应的表达。
例 20
中印尼
中国とインドネシア
例 21
中美
中米

这些表达一般都会在不同的新闻报道中出现多次,我们可以做好记录工
作,以便在编译其他新闻时能尽量做到统一。

此外中文中出现的一些富有中国特色的表达,包括一些流行语,在进行编译的时候应该考虑读者的需要,可译为日本民众易理解的表达。

例 22

国民老公

当代的中国年轻人对这一词汇并不陌生,大家都熟知这指的是万达集团董事长王健林的儿子王思聪,但对于大多数日本人来说他是陌生的,所以在编译时应译为"万達集団の王健林会長の息子・王思聡氏"。

例 23

当红炸子鸡

这一表达,中国人看了不难理解这是在形容某事物很流行,但对于日本人来说这充其量就是指中国的一道菜,若直接翻译会让日本读者觉得不知所云,因此在编译时可以译为"大人気商品"。

例 24

低头族

うつむき族

例 25

共享充电宝要能成我吃翔

モバイル充電装置のシェアの成功は難しい

总之在编译的时候这些细节都是需要注意的。

中日经济类新闻的编译简而言之就是将中文的经济新闻先编辑再翻译成日文。要具体问题具体分析,灵活运用一些编译的技巧、策略,结合日本读者的阅读需求,就可以准确完成从中文新闻到日文新闻的编译。

参考文献

[1] 李道荣.经济新闻的特点与从业者的素养[J].中南财经政法大学学报,2007(01).

[2] 陈力丹.谈谈当前经济新闻的作用和特点[J].新闻知识,2000(06).

[3] 刘丽芬,黄忠廉.编译的基本原则——变译方法研究[J].中国科技翻译,2001(01).

＊　＊　＊

练　习

请将下列中文编译成日文。

练习1

中国代驾年订单数超 2.53 亿　北上广全职代驾月入过万

2017 年 08 月 08 日 19:36　来源:中国新闻网

中新网北京 8 月 8 日电　(记者　周锐)　清华大学法学院公法研究中心研究团队 8 日发布的《代驾行业发展白皮书》显示,经历了此前十多年的缓慢初创期,如今的代驾行业已进入了成长期。在酒驾入刑的推行和身边盛行的酒文化背景下,"酒后找代驾"很快成为一种新的消费习惯。

"创新与责任助力可持续发展研讨会"8 日在北京举行。研讨会上,来自武汉、济南、广州等全国各地的交警代表,畅谈与滴滴代驾协同合作的经验。

清华大学研究团队发布的白皮书显示,2016 年至今,代驾服务需求和市场规模迅速增长。2016 年,全国代驾行业的总订单已超过 2.53 亿单,总产值达 154 亿元。《白皮书》显示,酒后代驾仍是用户最大的使用场景,占比为97.8%,其次是工作劳累、商务接送、接送家人等市场需求。

"开车不喝酒、喝酒不开车"理念深入人心的同时,代驾行业的价值也得到了充分体现。据推算,代驾行业去年减少因醉酒驾驶引发的交通事故 350 万起,使 83 万人免受刑法制裁,减少财产损失 462 亿元。

报告指出,酒驾风险的降低,意味着交通管理部门减少了行政成本。2016年代驾订单避免的醉酒驾事故,相当于免去了 4.4 亿次酒精检测、减少了0.53 亿辆次警车以及 0.9 亿次警力出动,节省车辆检查及酒驾司机管理的累计时间成本为 2 615.2 年,同时减少 2 525.2 年的拥堵耗时。

值得注意的是,近年来,各地交警部门一直积极探索治理酒驾的新方法,"互联网＋代驾"就成为了重要抓手。以滴滴代驾为代表的代驾行业,已形成一种新经济业态,并且成为政府治理酒驾、降低交通安全事故的有效手段。

《白皮书》还显示,就像淘宝店主、淘女郎、专车司机一样,互联网代驾行业成为一种新型服务业,不仅拓展了就业空间,还催生出多元的就业形态。代驾

工作变成了一种新兴的职业岗位,成为很多家庭收入的主要来源。全职代驾司机全国平均月收入达到 6 957 元,大幅超过当地平均水平,北上广深杭等一二线城市的全职代驾司机收入更是破万。

除了代驾本身的社会效应,互联网平台所积累的"代驾车辆"行驶的大数据,也为政府治理酒驾提供了新的武器。

滴滴方面介绍说,截至今年 7 月,"滴禹·星程"热力图已被包括南京、武汉、青岛、广州等在内的全国 12 城交警运用到日常治理酒驾的工作当中。借助该系统所展现的代驾起点、终点构成的热力图,交警可在重点地点、路段布置警力,更合理地安排稽查工作,从而精准打击酒驾醉驾,节约了大量警力、物力。

据介绍,2015 年 7 月成立至今,滴滴代驾与 51 座城市的交警部门开展了反酒驾相关活动超 118 次,内容包括道路安全培训、查酒驾活动、公益活动、反酒驾联盟等,积极推动"反酒驾"理念的深入。

练习 2
外汇储备连续五个月回升
2017 年 07 月 08 日 08:16 来源:人民网—人民日报

本报北京 7 月 7 日电 (记者王观) 中国人民银行最新公布的数据显示:今年 6 月末,我国外汇储备规模为 30 568 亿美元,较 5 月末上升 32 亿美元,升幅为 0.11%,为连续第五个月出现回升。

上半年,我国跨境资金流动和外汇市场供求基本平衡,人民币汇率稳中有升,外汇储备规模较年初的 30 105 亿美元上升 463 亿美元,增幅为 1.5%。

练习 3
中美企业签订 50 亿美元农产品贸易合同
2017 年 07 月 14 日 13:20:11 来源:新华社

新华社美国得梅因 7 月 13 日电 (记者徐静 苗壮) 来自中国和美国的 20 多家企业 13 日在美国艾奥瓦州首府得梅因签署合同,中国企业将从美国进口 1253 万吨大豆和 371 吨猪肉及牛肉,进口金额总值达 50.12 亿美元。

来自中美两国的近百名官员、企业代表参加了合同签字仪式。中国驻芝加哥总领事馆科技参赞徐海在签约仪式上致辞说,中美两国元首在今年 4 月的会晤中就中美经济合作百日计划达成一致,此次签订的农产品贸易合同是

落实两国元首会晤成果的具体举措之一。

徐海说,随着中国城镇化发展和中等收入阶层壮大,中国消费市场规模还将继续扩大,未来美国企业对华出口还存在巨大增长潜力。

艾奥瓦州副州长亚当·格雷格说:"中国对美国牛肉开放市场,对艾奥瓦州来说是一件激动人心的事情。"他表示,一周后艾奥瓦州新任州长金·雷诺兹将率农业贸易代表团访问中国。

此次签约活动由中国食品土畜进出口商会和美国大豆出口协会共同主办。

中国食品土畜进出口商会会长边振瑚对新华社记者说:"随着中国消费转型升级,加上中美两国为贸易创造的良好环境,中美之间的合作还会释放出更大潜力来。"

第四章 中日文化新闻编译

第一节 如何选择主题

一、符合新闻报道的规律

文化新闻编译也属于新闻的一部分,所以编译文化新闻首先必须符合新闻报道的客观性和准确性的特点。新闻工作者必须在短时间内迅速、客观而且尽可能准确地进行报道,将国际国内发生的文化新闻事件传递给广大观众和读者。尽管新闻编译人员的时间有限,不能做到对于新闻报道进行细致入微的精雕细琢,但新闻报道的准确性要求新闻编译人员应该尽其所能核实消息的来源和真实性。

新闻编译工作人员在选择编译材料的过程中不可避免地会掺杂一部分个人的价值判断,但作为专业的新闻工作者应该明确,编译工作需慎重,个人判断应该作为甄别材料的帮手,而不是陷于材料泥潭的原因,更不是个人喜好的借口。因此在选择中日文化新闻内容,对待中日新闻事实的报道立场、分析方法与所持观点方面要秉持客观公正、实事求是的态度,为两国人民传递最真实、最客观的信息。

二、符合国家的政治立场和国家的政治方针

对外编译新闻是向其他国家传达本国政治方针的一个重要途径。因此新闻编译要明确国家的政治立场，紧跟国家政治方针和政策。新闻报道要密切结合当前形势和任务，有的放矢地提出问题和解决问题，而且要正确地宣传党的方针政策。例如，在台湾问题上，我们要坚持大陆和台湾同属一个中国的原则。

中日两国交流虽然源远流长，但惨痛的历史不能忘记。有关国家立场和国家利益的问题，我们决不能妥协。在进行中日文化新闻的编译时，要注意尽量避免中日间敏感的话题。遇到必须直面的历史和国家政策方针问题时要保持公正客观的态度，把国家的利益放在首位，努力做到传播积极向上的文化信息，争取通过文化新闻编译报道加深两国人民的交流与情谊。

三、编译内容要有影响力、能产生共鸣

新闻报道面向不同的群体，归根到底是让不同的读者对相应的报道感兴趣。新闻的最大目的就是传递信息，让读者在接受新闻的同时能有所思考。不同群体对相同类新闻的接受程度不同，比如年轻人更容易接受娱乐新闻，年长的人更倾向于政治新闻，理财的人则喜欢财经新闻，等等。

怎样让更广大的群体接受，首先在标题上就要下功夫，引人注目的标题是成功的一半。其次是新闻的实质内容，但是也不能为了博取众人的眼球而不顾及前两条原则。关于中日文化新闻标题，可以选取两国人民比较熟悉的内容、两国间文化重大事件、两国比较密切关注的文化话题、两国各自的特色文化介绍等，以此来求得共鸣，从而达到加深中日两国文化交流这一最终目的。

第二节　文本标题的拟定

一、直译存形

（一）"第×届××会议的召开"或"××周年"等多采用直译的方式

例1

第2届秋叶原动漫电影节暨中日邦交正常化45周年纪念活动闭幕

第2回秋葉原映画祭及び中日国交正常化45周年記念イベント閉幕

例2

第五届"九州中日友好交流大会"在福冈举行

「第5回九州中日友好交流大会」が福岡で開催

例3

中国驻日使馆与日本民间团体共同纪念"七七事变"80周年

在日本中国大使館が日本の民間団体と共同で「七七事変」80周年記念集会

例4

天津京剧团《杨门女将》在东京演出

天津京劇院が東京で京劇「楊門女将」を上演

　　这类标题中的日文译法较固定，主要是采用直译的方法，不加太多修饰，不使用特别的翻译方法。这种直译的方法可以更直观地突出新闻的内容，很适合这种重大事件的新闻。在标题上直接可以突出事件的时间、地点、事件，能让人一目了然，能紧紧抓住读者的心。

（二）标题中专有词汇较多偏直译

例5

中国会迎来"第三次咖啡浪潮"吗

中国に「サードウェーブコーヒー」が到来するか

例6

中日媒体人东京对话聚焦媒体责任与作用

中日のメディア人が東京でその責任と役割について対話

例 7

中日青少年体质健康数字"差"的背后

中国と日本の青少年の「体質データの差」の背後にあるもの

例 8

"色、香、味、器"的和谐与统一———日本的"车站便当"

「色、香り、味、容器」のバランスにこだわる日本の「駅弁」

例 9

又吉直树中国行全纪录：跨越文学与搞笑的多重魅力

又吉直樹さんの中国訪問：国境を超える文学とお笑いの魅力

　　这类标题中或多或少存在一些特殊的专有名词,在遇到这种情况时一般选择直译。例如"第三次咖啡浪潮"有专门的说法"サードウェーブコーヒー",在翻译时无须创新。一般来说,专有名词都可以做到中文日文对应,处理这类词汇时,找到该词的日文对应说法后直接用即可。但有时候直译会让标题缺少一些趣味性,所以在使用的时候要注意权衡。

二、微调传意

（一）将几句中文合并成一句日文

例 10

谷村新司将访华公演　六月再登上海舞台

谷村新司が6月に上海でデビュー45周年記念公演

例 11

音乐剧《想变成人的猫》北京首演　温暖走心盛况空前

劇団四季ミュージカル「人間になりたがった猫」中国語版が初演

例 12

感受夏日异国清凉"京都之间"发布会在京举行

納涼京都をPRする「京都之間」の発表会が北京で開催

例 13

"后乐讲堂"开讲中国特色大国外交　百余在日留学生聆听

「後楽講堂」による「中国の特色ある大国外交」特別講演

也许是受中国古代诗词中对偶句的影响,中文喜欢用并列的句子或者短语来记叙一件事情,有时候会显得比较烦琐不够简洁。对两句分句组成的中文标题进行编译时,一般可合并成一句话,交代清楚时间、地点、事件等要素,从而让读者在阅读标题时就能大体了解报道主题。

(二)增加信息

例 14

上海歌舞团舞剧《朱鹮》将在日本公演

上海歌舞団の舞劇「朱鷺」の日本公演が8月29日開幕

例 15

《魂斗罗》真人版拍摄权落定

中国で人気ゲーム「魂斗羅」の実写版映画製作へ

例 16

从"伴手礼"说起

「手土産」に見る日本の文化

例 17

日本导演纪录片点击过亿　竹内亮:我是"南京大萝卜"

中国でドキュメンタリーを製作する竹内亮さん「僕は南京大根」

例 18

中岛美嘉献唱《闪光少女》:感受到民乐的魅力

映画「閃光少女」に中国語楽曲提供の中島美嘉「民族音楽の魅力堪能」

中日新闻报道所突出的关键信息不一致,就会涉及新闻关键词增加的问题。我们要始终站在读者的角度,去思考新闻标题的拟定。在标题中尽量突出与日本相关的信息,这样很容易吸引日本读者,激发他们的好奇心,使之有兴趣读下去。中日两国读者在阅读新闻时,对关键词的敏感程度是不同的,所以我们需要在实践中逐渐积累经验,努力编译好每一个标题。

(三)在中文标题基础上稍加修改

例 19

中国移动互联技术进军日本　掀起别样"中国热"

中国のモバイルインターネット技術が日本上陸　旋風巻き起こすか

例 20

东野圭吾这么火，可你知道吗，他也经历过"冬天"

ベストセラー作家・東野圭吾　かつては「冬の時代」も

例 21

天空之城音乐会西宁奏响　再现久石让、宫崎骏经典

「天空の城コンサート」が西寧市で開催　市民が久石譲と宮崎駿の世界に浸る

例 22

德云社全球巡演日本首演　掌声欢笑声不断

德雲社のワールドツアー日本公演が開催　爆笑パフォーマンス披露

这一部分标题的拟定，主要涉及翻译的问题。中文报道的标题很新颖，编译成日文标题时，需用一些翻译技巧。翻译最基本的要求是把原文的意思传达出来。当遇到中日文无法对应时，在编译时可以稍做修改，只要不影响原文的大意即可。例如，"掀起别样'中国热'"编译为"旋風巻き起こすか"，虽然中日文没有对应，但是编译出来的效果并没有减弱。这种涉及翻译技巧的问题需要在平时学习中多观察、多总结。

三、意译传神

例 23

专家谈《奇想国的小豆豆》：作者笔下充满了希望

希望に満ちる物語「不思議の国のトットちゃん」の中国語版が発売

例 24

中国驻日大使馆与松山芭蕾舞团交流会在东京举行

程永華大使「松山バレエ団は中日友好交流の真の架け橋」

例 25

铃木忠志带来"日式"古希腊悲剧

世界的演出家・鈴木忠志の「トロイアの女」が北京で上演

例 26

中日高校在浙"联姻"60 余项技术成果寻"婆家"

中日研究成果・技術フェアが浙江省で開催　「マッチング会」に60 以上の技術成果

　　这一部分并不是严格意义上的意译。双方所站角度不同,会使中日标题产生很大的差别,但是虽然形式有所不同,实质内容却没有改变,也不会影响正文的编译。对同一个事件,双方想要突出的重要信息不同,导致标题不同。比如中方想突出中国驻日使馆和芭蕾舞团在东京召开这一事实,标题就直接说明了这些信息;而编译日文标题时则突出中国驻日大使程永华的发言,说"松山芭蕾舞团是中日交流的真正桥梁"。

第三节　文本正文的编译策略

一、省略

　　新闻面向的读者的不同,读者的认知水平不同,都会影响读者对新闻的接受程度,影响新闻的吸收效果。为了让读者多吸收编译后新闻的营养,就需要编译者对新闻文本进行反复修改,多次加工。省略是新闻编译中经常使用的方法。

　　例27

　　　　此次展览共展出了 43 组(件)作品,分为"彩墨人生""万物境界""花满人间"三个单元。突出介绍了中国剪纸艺术的代表、被列入《人类非物质文化遗产代表作名录》的河北蔚县剪纸,以此来展现中华传统文化的多样性和河北文化的特有魅力。

　　　　今回の展示会で展示されている43組(点)の作品は、中国の剪紙アートにおいて代表的な存在で、「世界無形文化遺産」に登録されている河北省蔚県の剪紙。中華伝統文化の多様性と河北省文化特有の魅力をPRしている。

　　中文新闻中详细介绍了此次展览的三个主题,日文则省略了这部分。原因一是主题的名称极富中国特色,在翻译成日语上存在困难,在翻译过程中很难保持与中文一致的意境与特色。二是这则新闻主要是向日本受众传递在日本举办中国剪纸展览的信息,只要把这样的主要内容表达出来即可,关于展览的细节内容可以省略或概括。

例 28

　　纪念中日邦交正常化 45 周年,6 月 24 日,由 FLY 株式会社主办,株式会社中国电视协办,株式会社 KISS 福冈独家冠名的"KISS FUKUOKA 2017 德云社全球巡演日本首演"在日本东京成功举办,中国驻日大使程永华、中国驻日公使郭燕、东京中国文化中心主任石永菁、著名主持人孟非以及来自日本各地的华侨华人 4 000 余人观看了演出。郭德纲、于谦率德云社演员高峰、栾云平、烧饼(朱云峰)、曹鹤阳、张鹤伦、郎鹤炎等人登台演出,中国相声大师侯宝林长孙侯震担任主持。

　　中国のパフォーマンスグループ・徳雲社の「KISS FUKUOKA 2017 徳雲社ワールドツアー日本公演」が 24 日、中日国交正常化 45 周年を記念するイベントの一環として、東京で開催された。FLY 株式会社が主催、株式会社中国電視が共催、株式会社 KISS 福岡が特別協賛で、在日本中国大使館の程永華大使や、郭燕公使、東京中国文化センターの石永菁センター長、中国の人気司会者・孟非(モン・フェイ)、日本各地の華僑・華人約 4 000 人が公演を楽しんだ。

经过对比,我们很清楚地看到,日文的报道中省略了德云社演出的表演人员和主持人的姓名。在日本来看德云社演出的人大多是华侨和华人,长期在海外生活,可能对这些人不是特别熟悉,就算介绍了也并不会留下十分深刻的印象。再者,日本人阅读这则新闻报道时,大多不太了解这些人的姓名,罗列太多读者不熟悉的内容,可能会导致读者阅读疲劳。综上所述,对这则新闻进行编译时,出演人的姓名可以省略。如果想要介绍参加活动的演出者,可以用图片配合演员姓名的做法,这样可以更直观地介绍演员,给读者更直接的视觉冲击,也能达到让读者更进一步了解演员的效果。

例 29

　　小笠原家族曾经是日本历史上掌管礼法的礼王,1910 年小笠原流煎茶道的第一代宗家,以小笠原流礼法为基础,正式创立了小笠原流煎茶道,是日本煎茶道最主要的流派之一。"棚"指的是日本古代人们家中使用的摆放花盘的架子,纹饰精致考究。"这些(煎)茶文化的源泉都是中国。"小笠原流煎茶道第 5 代家元小笠原秀道告诉记

者,"棚"不仅有"比翼棚",还有"杭州棚"等,这些都含有中国的文化元素。"中国的文化对日本茶道的影响以及重要性,大家可以从这里就看出来。"正如其所言,煎茶道中最高级的茶具形状类似杭州西湖三潭印月的花架子,被称为"杭州棚",流传至今。

　　小笠原家は日本の歴史において礼法をつかさどっていた礼王で、1190年(建久元年)に、小笠原流の遠祖である遠光氏が鎌倉幕府の初代将軍源頼朝に仕え、公達の誕生儀式を行って以来、その礼儀作法を今日まで伝えている。小笠原流礼法をベースに、「小笠原流煎茶道」が創立され、今では日本の煎茶道で最も主要な流派の一つなっている。

　　中文报道中用了大量的文字来介绍小笠原流煎茶道以及茶道中使用的工具"棚"。日文报道的介绍则比较简练,尤其是省略了茶道工具"棚"相关的介绍。对于大部分的中国人来说,"棚"是很陌生的一个名词,所以要花大功夫向中国人介绍。与之相反,"棚"在日本是被大众所熟悉的事物,故不用详细阐述其由来。编译后的新闻面向日本读者,所以需要考虑日本读者的文化背景和知识积累,努力做到传达主要信息。

　　中日文化新闻编译的过程中,以下情况可以考虑使用省略的方法。中文报道过多介绍日本文化或历史时,由于编译后的新闻是给日本人看的,日本人肯定对自己本国的文化有一定程度的了解,所以在这方面可以选择性地省略。中文报道中过于细化中国传统文化或过于详细描述中国特色的事物时,要注意省略过于精细的部分。要清楚主要目的是向日本介绍中国文化,中国文化博大精深,在编译时可以先总括介绍,再根据读者的需求选择详尽介绍。文化的传递是一个渐进的过程,由浅入深,由简入繁。再者,有些蕴含中国意境的句子编译到日文时会缺少原本的神韵,也可以考虑适当省略。编译者通过阅读新闻编译的实例或通过众多新闻编译实践的积累,可以逐步熟练地掌握这一最基本的方法。

二、增添
例30
　　日本著名歌星宇多田光近日也在电视节目上批评日本对于妈妈

育儿不够友善。她说在伦敦,无论是在餐厅还是公园里喂母乳,都不会遭到阻止,当地人反而觉得很正常。而在日本,用婴儿车带宝宝搭乘交通工具,不会有任何人来帮忙。2014 年的一份调查报告显示,东京超过七成的市区町村收到过关于孩童噪音的投诉。由于投诉者遵循的是"任何人不得发出超过规定标准的噪音"这一规定,相关机构不得不更改条例,于 2015 年 4 月将学龄前儿童剔除在噪音管制对象之外。

　　人気歌手・宇多田ヒカルは最近、あるテレビ番組で、「東京って、なんて子育てしにくそうな街なんだろうってびっくりした」とし、その理由について、「ロンドンで一番いいなって思ったのが、とにかくお母さんと赤ちゃんがそこら中にいて、公園だろうが、レストランだろうが、授乳するにしても、レストランでも嫌な顔されない。日本ではベビーカー持って外で乗り物に乗ると、周りが全く協力してくれない上に、『なんだよこんな時間に』みたいな視線を投げかけられる」と説明した。東京都が2014 年に行った調査によると、都内の7 割にあたる42 の市区町村の保育園で子どもの声がうるさいという苦情が寄せられていることが分かった。苦情を寄せる人は、「規制基準を超える騒音を発生させてはならない」という規定を後ろ盾にしているため、都議会本会議は仕方なく、「保育所や公園での子どもの声を騒音の数値規制の対象外とする」という改正案を可決し、15 年4 月から施行した。

　　上面段落中"『なんだよこんな時間に』みたいな視線を投げかけられる"是编译时增加的部分,内容主要是补充了周围人不帮忙推宝宝车还发出抱怨的情况,这样的增译可以让日本人感同身受。这篇报道主要是讲日本的"无缘社会",这是日本的一种社会现实,如果只是死搬硬套中文报道,略显单调无趣。如果新闻主要是讲述日本的社会现状或社会问题,可以增加部分日本国内真实的场景和现实情况,这样会激发日本读者的共鸣。

　　例 31
　　中国影视市场上的资本就像一个个"黑洞怪物",它们在短时间内吞噬完国内的网络小说,将之变成所谓"影视 IP"产品后,目前已经意识到中国原创改编市场上已荒草一片,于是,它们开始转向国外。昨天,有消

息曝出,日本三部超级动漫作品《魂斗罗》、《未来日记》、《至高指令》已经在国内获得立项拍摄真人电影的权利。然而,面对如此超级项目以及作品本身的天马行空剧情,国内电影人和电影技术能否"Hold"住,实在是让人忧虑。很多网友称,"《三体》悲剧"当前,希望相关的中国电影人引以为戒,不要再在准备不充分的情况下践踏好作品啦。

中国映画市場の資本は「ブラックホール」であるかのように、短期間のうちに、中国国内のオンライン小説のほとんどを対象に、その映画化を進めた。そして、映画化できる中国のオリジナル小説はもうなくなったとみて、今度はその矛先を海外に向けている。8日、日本の超人気ゲーム「魂斗羅(コントラ)」や、漫画作品の「未来日記」、「ビッグオーダー」の実写映画化の権利を中国のプロダクション・北京星光燦爛影業有限公司(Beijing Starlit Movie and TV Culture)が獲得したことが明らかになった。しかし、壮大なプロジェクトで、どの作品も破天荒なストーリー展開であるため、中国の映画人や映画技術でそれを表現しきれるのかと懸念する声が上がっている。

中文报道在这一段并没有说明是哪一个中国公司获得了三个动漫作品拍摄真人电影的权利,但是在日文报道中在这一段增添了公司的全称。《魂斗罗》、《未来日记》、《至高指令》这三部动漫在日本享有盛誉,它们被真人电影化也算一件大事,所以有必要一开始就告诉日本受众是哪一个公司获得了这种权利。

例 32

而与微信支付几乎同期打入日本市场的支付宝也在默默拓展业务。2015 年下半年中国游客掀起"爆买"热潮,日本颇具人气的百货商店高岛屋、BicCamera 等自然成了其落脚的第一站。目前,各大城市的机场也成了支付宝和微信支付共同关注的焦点。

「微信支付」とほぼ同時期に日本市場に参入した阿里巴巴(アリババ)集団の非接触型決済サービス「支付宝」(アリペイ)も黙々と業務を拡大させている。中国人観光客の「爆買い」が話題となった2015年下半期、その第一陣となる進出先として、百貨店の「高島

屋」や家電量販店「ビックカメラ」などに自然と白羽の矢が立った。現在、各大都市の空港も「アリペイ」や「微信支付」が注目する場所となっている。

　　新闻报道中出现的"支付宝"，在中文报道中仅出现了名称，但是在编译后的日文报道中增加了对支付宝的介绍。原因在于支付宝可以说是中国土生土长的，在中国没有人不知道，相反支付宝结算进入日本市场，对于日本人来说是新鲜事物，所以需要对此做解释才能让日本读者明白这个名词所指代的内容。有人会说，为什么"微信支付"不需要添加解释？首先"微信支付"这四个字就能让日本人明白这是一种通过微信支付的结算方式；再者，微信作为一种即时的聊天工具，在日本社会也广为运用。而光从字面上无法捉摸"支付宝"的含义，所以最好添加内容介绍一下支付宝更为恰当。

　　与省略相对，增添也是新闻编译中常见的一种方法。合理地使用增添这种方法可以拉近与日本读者的距离。将中文新闻编译成日文时，其中很重要的一个目的是向日本群众传递信息，激发共鸣。所以在以下情况可以思考增添的可能性：中文报道中出现了中国特有的新事物，日本人不是很了解的时候，必须增添相关内容促进日本读者的理解。若报道是关于日本的内容，需要增添一些日本实际生活状况或情景时，要尽量添加，因为这样可以提升读者对文章的亲近感。有时为了开门见山，凸显报道的关键信息时也可以运用增添，这种情况往往是为了在文章的开头就突出报道的关键词和中心内容。

三、内容精简

例33

　　介绍完作品，大家要问了，这三部超级动漫的电影改编权由国内哪家公司拿到了？答案是"星光灿烂影业有限公司"。普通观众可能想知道，这个电影公司是什么来头，一定是相当有钱，相当有实力吧？那么，请百度一下就知道，它旗下艺人是"景甜"，法人代表名为"路征"，这家公司是景甜的幕后老板。目前，星光灿烂影业有限公司的CEO是魏楠，这个人又是谁？是靠剪辑预告片出名的剪辑师，2014年他曾作为导演执导过一部拿了"金扫帚奖最令人失望的电影"的《从天儿降》。这样的阵容，很难不让人联想到微博著名"网红"孔二狗，之前他率队拿下中国科幻大片《三体》的电影改编权，结果2015年

就拍了,直到现在还没有上映,目前孔二狗已经从那家投资制作《三体》的公司离职了,《三体》上映成了"悬疑片"。这个"烂尾"的事实,曾经教育了所有影视圈内的人,没有能力去做科幻大片,就不要去糟蹋名作。然而,相较而言,《魂斗罗》更是一部超高难度的科幻大片,如今要在中国开拍成真人电影,星光灿烂影业有限公司准备好了吗?从制作到人才,从技术到资金,这能 Hold 住吗?对于这样的疑问,星光灿烂影业有限公司 CEO 魏楠跟当年的孔二狗一样气势如虹地表示:"《魂斗罗》是时代经典,属于全世界的游戏迷,我们这次全力争取到它的影视化版权,在它迈向电影化和真人化的征途中,我们是它的版权持有者,这也要感谢 KONAMI 公司(角川出版公司)对我们的信任。但在制作和运营层面,我们是完全开放的,就像很多网友期待的那样,我们肯定会在世界范围内寻找优秀的制作公司、剧本专家,也正在接洽好莱坞一流的视效公司和一线的明星。魂斗罗是一个世界级的 IP,也是伴随很多人童年的一个英雄梦想,我们绝不会降低《魂斗罗》必须拥有的规格和水准,必须'对得起童年',同时,在尊重原作的基础上,我们也会对它进行升级,让游戏迷和影迷都能认可和喜爱!"

同 3 作の映画化の権利を獲得した北京星光燦爛影業有限公司の魏楠・最高経営責任者(CEO)は、「『魂斗羅』は名作で、世界中にファンがいる。製作と運営の面では、世界中で優秀な製作会社、脚本専門家を探していく。現在、ハリウッドの一流の会社やスターにアプローチしている。『魂斗羅』は世界レベルの人気を誇り、多くの人にとって子供のころのヒーローだといえる。『魂斗羅』の規格とレベルを下げたり、子供の頃の思い出を傷つけたりするようなことは絶対にしない。また、原作をベースにしながら、アップデートも施し、ゲームファンにも映画ファンにも認めてもらい愛される作品にする」と意気込みを語っている。

中文新闻部分给人长篇大论的感觉。仔细阅读后会发现中文的报道带有很强的娱乐性,不仅介绍了星光灿烂影业的魏楠,还介绍了旗下艺人、公司拍摄过的作品等诸多信息。日文报道方面则简洁很多,提取了新闻的主要信息,不带任何娱乐性的文字。编译后的新闻显示了星光灿烂影视的负责人积极努

力拍好真人版电影的决心和信心。这篇报道主要向日本读者传递这些信息就可以了，至于负责人的其他娱乐信息则不需要。如果把这一部分内容编译进去，可能会误解出负责人不严谨的态度。

例 34

6 月 23 日，家庭音乐剧《想变成人的猫》在北京保利剧院举办发布会并迎来首演。傍晚时分，尽管北京今年入夏以来的"最强降雨"势头不减，保利剧院现场却呈现出高朋满座、众星云集的热闹场面，大量热情观众也冒雨前来。日本驻华大使横井裕、四季剧团社长吉田智誉树、董事长田中浩一及《想变成人的猫》美国版权方 Siobhan Reardon 等出席了发布会并观看了演出。《想变成人的猫》是日本四季剧团推出的家喻户晓的经典音乐剧，自 1979 年在东京首演以来，在日本演出近 2 000 场。1996 年，中央戏剧学院音乐剧班的师生曾将该剧搬上过中国舞台，从中走出了孙红雷、赵永斌、侯岩松等一大批中国音乐剧界的中流砥柱。此次上演的中文版，由汇聚了国内外顶尖从业者的精英团队进行了全新的设计制作，从台词到舞台表达都实现了深度本土化，以求在最大程度上贴近中国观众。"中国音乐剧之母"钮心慈老师称此剧将成为中国音乐剧本土化进程中里程碑式的作品。记者在现场看到，歌手成方圆、演员小陶虹及家人、人气萌娃诺一兄妹等也前来观看了该剧首演。

劇団四季のファミリーミュージカル「人間になりたがった猫」が23日、北京の保利劇院で記者会見を行うとともに、中国初演の幕を開けた。横井裕在中国日本国大使、劇団四季の吉田智誉樹社長、田中浩一専務取締役（営業・広報宣伝担当）、著作権を保有する米国のシオバン・リアドンさんが記者会見に出席するとともに、初演の舞台を見守った。「人間になりたがった猫」は劇団四季による有名なミュージカル作品で、1979 年の東京での初演以来、2 千回近く上演されている。今回の中国語版は、中国国内と海外のトップレベルの人材が集まるチームが新たに設計制作したもので、セリフから舞台演出まですべて徹底的な現地化を達成し、中国の観客にできる限り寄り添おうとしている。「中国ミュージカルの母」と呼ばれる鈕心慈氏は、「このミュージカルは中国でミュージカルが現地化を遂げるプロ

セスの中で一里塚の意味をもった作品だ」と評価する。

　　中文报道涵盖的信息杂,说法也比较烦琐。日文报道则精简很多,没有过多修饰加工的信息,信息很统一。日文报道精简了众多宾客冒雨前往北京保利剧院观看演出、中央戏剧学院曾表演过这部作品等信息。日文报道主要体现了这次《想变成人的猫》在北京保利剧院上演,这是一部为人熟知的作品,享有很高的评价。中文的报道围绕主题还添加了许多其他的内容,可能由于这部日本作品中国人不是很了解,所以原文的报道才会多多益善,尽可能地传递给我们大量信息。但是在编译成日文时就必须围绕一个主题进行简明的讲解。

　　关于编译文章要精简这一要求,与在新闻选材时要精挑细选有相同之处。把中文报道编译成日文时,全部照搬翻译是不可取的,我们要先研读中文报道,明白文章的中心思想,精简中文报道中啰唆、无关紧要的内容,努力给日文读者呈现一个简洁、中心思想明确的报道。当中文新闻字数过多或信息过杂时,就需要用到内容精简这一编译策略。在中日文化新闻编译中运用这种策略的情况较少见,因为一般文化新闻都是短篇幅的报道。如强求简练内容,有时就不能编译成一个新闻报道了,而变成了对新闻的简单概述。这种方法很难掌握,需要我们在平时编译实践中摸索,领悟其中的奥秘。

四、语言、语序的转化

　例35

　　　我的观察是,中国的一线城市,应该正处于"第二次浪潮"和"第三次浪潮"的交接点:一方面连锁咖啡店仍然占据主流市场,另一方面城市中心地段的精品咖啡店日益成为"网红"。相信用不了太久,"第三次咖啡浪潮"就会改变中国咖啡业界的生态,并且非常有可能催生出中国自己的行业领军者。

　　中国の一線都市では現在、コーヒーチェーンが依然として市場で大きな位置を占めているものの、その中心街ではスペシャルティコーヒー店がますます人気を集めており、「セカンドウェーブ」と「サードウェーブ」の中間にあるといえる。しばらくすれば、「サードウェーブ」が中国のコーヒー業界に変化をもたらし、中国でその波をけん引する人物が登場する可能性も十分にあるだろう。

　　中文报道先总述了中国正处于咖啡第一次浪潮和第二次浪潮的交接点，然后再详细说明交接点的现状。而日文报道则相反，先介绍现状，再说中国处于两次浪潮的交接点。这一情况和两国的语言和思维方式有重要的关系，中国喜欢先总后分的方式，而日本则喜欢先分后总。这是属于编译过程中语序的调整，只有按照目的语的语言习惯和特点编译的新闻，才更能够被目的语读者所接受、认同。其次，在原文中出现了"网红"一词，这是新时代出现的新词汇，很显然在日语中没有直接相对应的词汇，所以在编译时必须进行转变。日文报道中把"网红"一词翻译为"ますます人気を集めており"，虽然少了一些现代气息，但是很明了地传递了原文的信息，这就涉及词语的转化，无论是词性的转换还是词义的转化，最终目的都是准确传达原新闻的含义。

　　例36

　　程永华在致辞中表示："松山芭蕾舞团此次赴华演出取得了巨大成功，在此表示衷心祝贺。刚才大家为使馆人员举行了报告会，自己从中了解了很多情况。此外自己还通过中国的新闻报道和网络了解到了演出情况，网民对此消息都一致点赞。通过这种交流，松山芭蕾舞团成为中日两国人民友好交往的真正桥梁，同时也成为一面高高飘扬的象征性旗帜。芭蕾舞剧《白毛女》所体现出来的精神非常重要，今天仍要珍惜，大家多年来坚持反对战争，保卫和平，决不让当年那场侵略战争重演，并在此基础上发展中日两国的友好关系，自己对大家坚持的这种精神衷心表示佩服、尊敬与感谢。"招待会上，团员们表演了芭蕾舞剧《白毛女》的片段，并高唱中国国歌《义勇军进行曲》，全场起立一同歌唱。招待会最后，大家手拉手唱起了《白毛女》插曲《北风吹》，将交流活动推向了高潮。

　　程永華大使は挨拶の中で、「松山バレエ団の今回の訪中公演において大きな成功を収めたことに対し、この場を借りて、心からお祝いしたい。さきほどの在日本中国大使館職員向けに行われた報告会を通じて、訪中公演の状況をしっかりと理解することができた。また、中国のメディア報道やインターネットを通しても公演の状況を理解したが、ネットユーザーたちの公演に対する評価はいずれも称賛する内容となっている。このような交流を通して、松山バレエ団は中日両国国民の友好交流の真の架け橋となり、同時に

誇るべき象徴的な模範となった。バレエ『白毛女』が表現している
精神は非常に重要なもので、今日においても高く評価すべきだ。
長年にわたり、戦争に反対し、平和を守り、過去のような侵略戦争
を二度と繰り返さないように訴え続けており、さらに、このような
考えに基づいて中日両国の友好関係を発展させている。私は松山
バレエ団のこのような精神に対して、心から尊敬と感謝の意を表
する」と語った。レセプションパーティーの最後には、全員が手を
取り合って、「白毛女」の挿入歌「北風吹」を合唱し、交流イベントの
盛り上がりは最高潮に達した。

中文报道中是"高扬象征性的旗帜"，编译的日文报道是"象徴的な模範と
なった"，虽然都是说明松山芭蕾团在中日交流中起着至关重要的作用，但是
说法还是发生了转变，两种说法是不同的。与原文相比，编译后的内容更加明
确清晰，更加符合日本的习惯。"高扬旗帜"在中文中使用频率很高，是一组惯
用搭配，但是在日本并没有这样的固定搭配，如果直接翻译就会呆板，所以需
要转变一下词的说法，以便让日本受众更好理解。

例 37

据"竹影堂"第七代传人中村佳永介绍，"竹影堂"是京都一家具
有 200 年历史的金属工艺工房，自己是家族的第七代传人。他认为
只有众人认为是必要的，一件事物才有了存在的价值，自己之所以会
继承"竹影堂"，也是因为人们对"竹影堂"的喜爱。而他所倚身持立
的是自己的技艺，而非家族的名声。京都文化既是日本传统文化的
延续保留，亦是对中国唐宋文化的传承与发展。深感于这种文化融
合的魅力，"京都之间"创建以来，以独特的京都北京两地团队共同合
作的方式，记录探访着京都最本源的文化生活。

金属に装飾を施す京錺の老舗「竹影堂」の七代目になる中村佳永
さんによると、同社は200 年の歴史を誇る。「多くの人に必要とし
てもらわなければ、一つの物の存在価値はない。自分が『竹影堂』
を継いだのは、『竹影堂』が多くの人に愛されているから。でも、私
を支えているのは、一族の名声ではなく、自分の技術」と中村さん。
京都の文化は、大切に保たれている日本の伝統文化であり、日本

で継承され、発展してきた中国の唐・宋の文化でもある。その融合された文化の魅力に魅せられた「京都之間」は設立以来、京都と北京のチームが協力するスタイルで、最も京都らしい文化的生活を記録している。

　　编译后的文章，在第一段的开头对原文的顺序进行了细微的调整。中文报道一开始的"第七代传人"、"自己是家族的第七代传人"二者重复，在编译中合并成了一个。编译后的开头第一句话更加清楚明了，这也属于说法的转换，并没有按照原新闻死搬硬套。

　　怎样使编译的日文新闻更加符合日本人的阅读习惯和思维方式，这很大程度与新闻的翻译技巧有关。编译时恰当地改变说法、转变词性都是非常必要的。中日语言本身就有不同，两国人民说话的方式也不同，所以进行话语的转变需要很强的翻译功底。编译是指编辑和翻译，所以不能忘记翻译的重要性。新闻编译中正确、合理使用翻译技巧，完成符合日本本土化的翻译是我们一直需要努力的方向。

参考文献

[1] 林煌天. 中国翻译词典[M]. 湖北：湖北教育出版社，1997.

[2] 刘其中. 英汉新闻翻译翻译[M]. 北京：清华大学出版社，2009.

[3] 孙世恺. 新闻的分类、题材及其运用（上）[J]. 新闻与写作，1985(5)：15.

[4] 孙世恺. 新闻的分类、题材及其运用（中）[J]. 新闻与写作，1985(4)：17-18.

[5] 刘丽芬，黄忠廉. 编译的基本原则——变译方法研究[J]. 中国科技翻译，2001(2)：42-43.

[6] 连波涛. 浅谈新闻的真实性原则[J]. 新西部（下旬. 理论版），2011(12)：128.

[7] 郭子凯. 英语体育新闻的编译策略——中国网伦敦奥运会新闻编译译评[J]. 北京第二外国语学院学报，2013(5)：2-3.

＊　＊　＊

练　习

请将下列中文编译成日文。

练习1

（1）两个日本人在中国麻风病康复村的慈善之路

(2) 日本煎茶道与中茶博合作 20 周年：文化共通　共同传承

(3) "花的絮语——中国剪纸展"在日本东京中国文化中心展出

(4) 从幼儿噪音看日本"无缘社会"

练习 2

据介绍，剪纸是包含着丰富的人性文化和生活特色的传统艺术，是与世界沟通的活态文化桥梁。中、日两国剪纸界几十年来一直保持着紧密的交流合作，这使剪纸艺术在对外文化交流中更能体现对话性作用，也能让世界从"剪花"中认识和了解中国。展览期间，中国国家级蔚县剪纸传承人周广、河北省省级蔚县剪纸传承人焦新德还将为日本剪纸爱好者举办蔚县剪纸的专题讲座。

练习 3

"不给别人添麻烦"是日本处理人际关系的核心准则。然而，过分强调个人独立却会走向另一个极端。2010 年，日本放送协会播出的一个纪录片提出，日本正在步入"无缘社会"。所谓无缘，一是指"无社缘"，即没有工作上的联系；二是指"无血缘"，即家庭关系疏离；三是"无地缘"，即与家乡隔离。高龄、少子、失业、不婚、城市化，造就了这样一批人：他们活着，但没有工作，没有配偶，没有儿女，没有人和他们联系，也不回家乡；他们死了，没有人知道，也没有人认领他们的尸体。他们所在的社会也会渐渐从"有缘社会"变成"无缘社会"。据统计，日本每年有 3.2 万人走上"孤独死"的道路。

练习 4

截至目前，工作营每年约有 2 000 名志愿者参与，会员 1 万人以上，有1.9 万人参加活动。随着工作营的渐渐壮大，社会上也有越来越多的人关注麻风病康复村。2014 年是工作营的成长阶段，在这期间，原田燎太郎遇到了许多困难，当他觉得做不下去的时候，也是这些康复村的康复者给他鼓励。原田燎太郎说："我做不下去的时候，都是他们给我鼓励，因为他们的鼓励我才可以继续做下去，慢慢地，我帮助他们的心态，变成了他们帮助我，这样互相帮助，互相影响，互相存在，然后我们才这样一起做下去。"

练习 5

除了拍摄之外，每天发微博、回复网友留言已经成为竹内亮生活中的一大"趣事"。自拍在街边小摊吃凉皮、发布最新一集纪录片彩蛋、征集下期拍摄线索……在微博上，竹内亮玩得不亦乐乎。

第五章　中日科技新闻编译

第一节　科技翻译

科技翻译是翻译文体中的一种,科技翻译具有清晰、准确、精练和严密的特点,随着科技的飞速发展,需要及时、准确地传达国内外的先进技术。而科技新闻的编译工作不仅结合了科技翻译的特点,而且注重新闻翻译所要求的时效性、简洁性、准确性,所以在从事科技新闻的编译工作时,要兼顾这两种不同文体的特点和要求。

一、科技文体的特点

科技文体是随着科学技术的发展而形成的一种独立的文体形式,其本身包括一切论及或谈及科学和技术的书面语和口语,包括:一、科学著述、科技论文和报告、实验报告和方案;二、各类科技情报和文字资料;三、科技实用手册(包括仪器、仪表、机械、工具等)的结构描述和操作规程;四、有关科技会谈、会议、交谈的用语;五、有关科技的影片、录像等有声资料的解说词等。[1]

科技文体在语言和语法上主要有以下几个特点和要求。

1. 词语准确,结构清晰。科技文体的材料中,原文与译文都经过作者的深思熟虑,力求准确和客观地传达其意思。因此就需要有相关的专业词汇,而且科技文体中出现的词汇也较为书面化。同时,科技文体的材料语言结构之

间的逻辑性清晰,其因果、并列、递进等关系清晰明了。

2. 语法规范,句式严谨。科技文体的材料中,用语是比较平实而准确,不会有过多的复杂的语法成分或者花哨的修辞手法的出现。在一篇科技文体的文章中,往往从头至尾出现的时态只有两到三种,而且以一般时为主。同时,科技文体的材料中也经常使用被动现象和从句,一句话修饰语较多,常常比较长,使得语言显得规整而精确,能够完整、准确传达其要表达的含义。

二、科技新闻的特点

1. 新闻性,是指科技新闻内容要新,时间上是新近发生的,新闻性是科技新闻区别于其他科技文体的主要特点。

2. 科学性,是指科技新闻中报道、传播的科学内容是真实的,表述准确,有科学根据。同时在报道、传播科学事实时,要注意向广大读者普及科学知识。科学性使科技新闻区别于其他新闻文体。

3. 通俗性,是指科技新闻写作时,应用一定的科普写作技巧,语言要形象生动,巧用比喻和解释,还可以插入一些背景材料,便于广大读者接受和理解。

三、科技新闻的文本结构

科技新闻中数量最多的是科技消息,其文本结构由以下五部分组成:

1. 标题,是新闻内容的高度浓缩和概括,反映新闻的主题;

2. 导语,是开头部分,可以用一二句话或一段话,概括内容,牵引全文,吸引读者;

3. 主体,是科技消息内容的最重要部分,用具体、充分、典型的材料来展开导语,较详细地叙述新闻事实,使新闻的事实要素(时间、地点、人物、事件、原因、结果)更明确,使事实更清晰;

4. 结语,为全文小结或指出事物发展趋势,引起读者关注和思考;

5. 背景,对新闻事实材料所做的解释、说明,用于丰富内容,深化主题,它是新闻的从属部分,无固定位置,可在主体之中,亦可独立成段。

四、科技新闻编译对编译人员的要求

1. 科技新闻负有传播科学精神的责任,因此编译人员首先要具有科学精神与科学素养,科技新闻专业性很强,如果没有科学精神的信念,没有丰富的

科学知识背景或者只有某一领域的科学知识,就会很难理解所编译新闻的内容,没有科学知识储备的话,即使外语能力很强,也无法准确地表达科技新闻的知识和含义。

2. 辨别"素材"的真伪。

选材要真实,科学的核心就是"真",新闻的核心也是"真",科技新闻体现在一个字上就是"真"。[2]我们在选择国外科技新闻、对其进行编译时,一定要辨别相关的内容是否真实可靠。有些国外科技新闻为了追求收视率,不求其真。我们在编译科技新闻时既要注意它的新闻来源,又要查阅相关的外文报道,利用自己的科学知识思考、辨别,这样才能辨别国外科技新闻的真伪。

选材要科学,编译材料的选择不但要具有真实性,而且须具有科学性。如何判定材料的科学性呢? 需要编译者研究这些材料,看它们是否符合科学原理、科学规律。有这样的一则新闻《美国医生怀特将赴乌克兰操刀换人》(2001年十大假新闻之一),稍有科学头脑的人都不会相信这则报道的真实性,因为按照科学常识,这种突破性的医学成果必然会在国际权威的科学杂志上有所反映,比如《科学》、《自然》杂志等等,但这些杂志上都没有关于这类"科研成果"的报道。

科学性历来是构成科技新闻价值一个重要因素。世界每日发布的各国科技新闻多如牛毛,去伪存真、去粗取精是编译科技新闻者面临的一个重要课题。要遵循新闻规律和科技自身的发展规律,既要翻译出具有真实性、科学性的国外新闻报道,又要编辑出符合我国国情、有利于贯彻宣传中央科技精神的科技新闻;既要翻译出准确具有时效性的国际新闻,又要编辑出紧跟时代科技发展潮流的科技新闻;既要翻译出与大众生活密切相关的科技新闻,又要编辑出符合国内读者科技欲望、引导读者追求科学精神的科技新闻。[3]每天都有新的科学知识出现,一名称职的科技新闻编译人员必须不断地更新科技知识,这样才能更加准确地进行编译。

五、科技新闻编译的特点和要求

1. 简洁。科技新闻编译集合了科技文体和新闻文体两种不同文体的共同之处。[2]用词以及句式上都要求用简洁的表达,使读者明白易懂。编译和翻译是不相同的,在编译时多了一种主观性。译者可以对标题和内容进行更改、删减等"再创"工作,从而能够根据读者的需求更好地引领其进行阅读。

2. 形象、准确。科技新闻编译的第二个特点便是其结合了科技文体和新

闻文体两者的不同特点,既有对科学现象、科技进展等问题的客观的陈述,也有作者主观的评论和看法。[2]

所以科技新闻编译时,既要有文学性的引导描述,也要有逻辑性的解释说明。把各种各样的最新科技形象、准确地表达出来,对编译者来说是一个巨大考验。

第二节　文本标题的编译

一、日文标题的拟定

标题是一篇新闻的"眼睛",是整篇文章浓缩的精华。在这个信息爆炸的时代,人们通过多种渠道获得信息,凭借纷繁杂乱的网站了解世界。想在众多新闻资讯中脱颖而出,成为读者挑选的阅读对象,文章的标题必须高度概括,将核心的事实和盘托出,直截了当地呈现给读者。译者在拟定新闻标题时可使用的编译方法有:

(一) 添加新闻核心信息,通过事实吸引读者

例1

新疆精河地震与九寨沟地震无关联

九寨溝と精河県の地震、関連性はなし　専門家

编译后日文中加入了"専門家",增加了可信度。

例2

天舟与天宫对接

——送给"中国航天日"最好的礼物

天舟と天宮のドッキングに世界が注目

日文省略了副标题,添加了"世界が注目",突出引起世界瞩目这一焦点现象,更好地吸引了读者。

例3

中国开展首例人体冷冻术

中国初の人体冷凍保存が山東省で実施

日文中加入了地点,更具体,与文本联系更紧密。

例 4

"发现号"镜头下的深海生物奇观

遠隔操作無人潜水艇「発現号」、深海生物を撮影

日文进一步对"发现号"做了解释,更加突出了"发现号"的特点,有利于吸引读者。

(二) 通过拟人化的修辞手法,增强标题趣味性

科技新闻是对科学技术领域新近发生的事实的报道。所谓科技事实可以是科技成果及其推广应用,可以是党和国家的科技政策,也可以是科技工作者的成就、科技界的活动。这些科技事实经过报道、传播,才成为科技新闻。科技文章的性质决定了这一类文章的语言要求准确、专业,多平铺直叙,很少使用生动化的表达。若标题依旧索然无味,这篇新闻就很可能会与读者擦身而过。因此,编译者在拟定标题时可以适当通过修辞手法,增强标题趣味性,提高读者的阅读兴趣。

例 5

职业院校将开设无人零售专业

中国の専門学校が無人小売に注目

译文通过"注目"将"中国の専門学校"拟人化,可生动表达出学校将开设零售专业的形象。

例 6

集成电路不利于制作高电阻

集積回路は高抵抗を作るのが不得意

译文通过"不得意"把"集積回路"拟人化,增强了标题的趣味性。

例 7

"防闯灯神器"出现在武汉:自动拉绳　行人遵章率超 95%

「信号無視防止の神器」、武漢で大活躍

译文中以"大活躍"把"信号無視防止の神器"拟人化,使标题更加生动形象。

由于新闻的版面有限,所以要求标题要尽可能简短和具体,因此很多词句被省略,从而形成了日文新闻标题的独特表达。

二、日文标题的编译方法

（一）名词结句法

例 8

2017 生鲜电商交易额增六成　供应链成比拼重点

17年の生鮮 EC 取引額が6 割増　インフラも充実

例 9

"黑五"升温"80 后"成海外购主力军

「ブラックフライデー」すでに過熱　主役は80 後

例 10

北京冬奥会公开招募合作者

北京冬季五輪、協力パートナーを公募

例 11

中纪委推出八项规定短视频《你不必，你可以》"简单生活做回自己"

中央紀律検査委員会が動画「必要ないこと、できること」公開をアップ

在日文标题中，サ变动词的"する"被省略了，原来的动词词性也转化成了名词，也就是我们常说的名词结句法。

（二）助词结句法

例 12

研究称睡眠不足容易抑郁

研究:睡眠不足はイライラの原因に

例 13

中国地铁开进美国　美民众即将体验中国速度

中国の地下鉄車両が米国へ進出、米国国民に中国スピードを

例 14

北京市公安局办警犬集体生日会　吃特制蛋糕卖萌

北京市公安局が警察犬の「お誕生日会」　特製のケーキも

例 15

《世界互联网发展报告 2017》发布:中国排名第二　仅次于美国

世界インターネット発展水準、中国が米国に次ぐ第 2 位に

例 16

北京将用上"智能红绿灯"

スマート信号機を北京が導入へ

由于省略动词，出现以上各例文中以"を、に、へ、も"等助词结尾的编译。

（三）善用标点符号法

例 17

哈尔滨冰雪大世界将于 12 月中下旬试开园

ハルビン氷雪大世界、12 月中～下旬にプレオープン

例 18

中日企业家对话政府高官，呼吁深化产业合作

中日企業家・政府高官　産業協力深化を呼びかけ

例 19

香港健康调查显示　近半市民超重或肥胖

香港健康調査：住民の約半数が「体重超過・肥満」

在日文标题中用顿号"、"或空格来代替格助词"が"或"を"，用中顿点"・"代替"と"或"や"表示并列，用括号「」表示强调。

第三节　文本正文的编译策略

新闻是一种特殊的文体，受版面限制，在新闻编译过程中，逐字逐句地翻译原文几乎是不被允许的，译者必须对文章的内容精挑细选。其次，由于中日文新闻表达方式的不同，编译者就需要采取特殊的方法进行编辑和翻译。

一、删减法

很多细节性描述在不影响文章结构的情况下要酌情删减。删减法是新闻编译运用最广泛的手段之一。

（一）删减与主题联系较弱的信息

在中文新闻和日文新闻报道中，作者通常都采用"倒金字塔"结构，这种结构按照内容重要性递减的顺序来安排全文段落，新闻的核心信息一般都会放在导语或者开头部分。越到结尾处，新闻的内容往往离本则新闻的主题越远。因此编译者可借助"倒金字塔"结构，采用删减法将与新闻主题关系较弱的部分删去，力求简短、言简意赅，突出主题。

例 20

科技日报北京 8 月 9 日电　（记者谢宏　朱彤）　四川省阿坝州九寨沟县 8 月 8 日晚间发生 7.0 级地震，8 月 9 日清晨新疆精河县又发生 6.6 级地震。中国地震台网中心副主任刘杰研究员 9 日在接受记者采访时表示：两次地震无关，是不同地块的活动，只是地震发生的时间比较接近。

刘杰称，新疆精河地震在天山地震带，而四川九寨沟地震所属的巴颜喀拉地块在青藏高原，两者无联系。

8 月 9 日 7 时 27 分，在新疆博尔塔拉州精河县附近发生 6.6 级地震。图为 8 月 9 日，在新疆精河县托里镇叶里斯南也肯村救灾安置点，6 岁的兰瑞在爸爸怀里玩耍，地震中他的头部受伤。

四川省アバ・チベット族チャン族自治州九寨溝県で8日夜、マグニチュード7.0の地震が発生した。9日未明には、新疆ウイグル自治区精河県でマグニチュード6.6の地震が発生した。中国地震台網の劉傑副主任は9日、取材に対して、「2つの地震に関連性はなく、異なるプレートの活動だ。単に発生の時期が近かっただけだ」と指摘した。科技日報が伝えた。

また、劉氏は、「精河県の地震は天山地震帯で発生し、九寨溝の地震が属するバヤンカラプレートはチベット高原にあり、両者に関連性はない」と述べた。

原文中被删掉的部分是全文的结尾段，属于"倒金字塔"分量最轻的部分。这一部分的内容与本篇新闻主题关系不很紧密，删掉后反而突出了全文的主题。

（二）删减背景介绍类信息

例 21

　　科技日报泰安 8 月 15 日电 （记者魏东　通讯员杨宇）　15
日，国际著名学术期刊《自然·通讯》以《基因组重测序揭示苹果起源
演化历史及果实大小的二步驯化模型》为题发表了山东农业大学陈
学森教授研究团队与美国康奈尔大学费章君研究团队的合作研究成
果，证明世界栽培苹果起源于我国新疆。

　　苹果是世界温带地区栽培面积最大的果树之一，其起源演化与
人类文明进步密不可分。两个科研团队利用高通量测序及生物信息
学技术，对亚洲、欧洲和美洲等世界范围的苹果属 24 个种、117 份种
质资源进行了全基因组重测序，共检测到 720 万个高质量的最小基
因单位（SNPs），为苹果资源研究和分子育种提供了海量有价值的基
础数据。

　　"研究发现，我国新疆境内的塞威士苹果保持较高的同源性、最
原始，而同属中亚地区的哈萨克斯坦境内的塞威士苹果基因杂合度
则相对较高。这充分说明，世界栽培苹果起源于我国新疆。"陈学森
告诉记者。

　　近年来，陈学森带领研究团队围绕新疆野苹果资源的保护、发
掘、创新与利用开展攻关，构建了新疆红肉苹果与苹果品种杂种一
代、二代分离群体，明确了新疆野苹果遗传多样性特征及性状遗传变
异特点，提出了苹果类黄酮生物合成的转录调控网络，创建了"果树
多种源品质育种法""易着色苹果品种培育法"及"三选两早一促的苹
果育种法"等优质高效育种技术体系。

　　世界的に有名な学術誌「ネイチャー・コミュニケーションズ」は
15 日、「ゲノムリシーケンシングによるリンゴの起源・進化の歴
史の解明、果実の大きさの 2 ステップ順化モデル」と題した記事の
中で、山東農業大学の陳学森教授が率いる研究チームと、米コーネ
ル大学の費章君氏の研究チームの共同研究の成果を発表し、世界
のリンゴ栽培の起源が中国新疆であることを証明した。科技日報
が伝えた。

　　リンゴは世界の温帯地域で最も広い面積で栽培されている果樹

の一つで、その起源・進化は人類文明の進歩と切り離せない関係を持っている。2つの研究チームはハイスループットシーケンシング及び生物情報学技術を使い、アジア・欧州・米大陸など世界範囲の24種・117の遺伝質のフルゲノムリシーケンシングを行った。高質量の最小遺伝単位(SNPs)を720万個検査し、リンゴの資源研究と分子育種に大量の価値ある基礎データを提供した。

陳氏は記者に対して、「研究により、新疆の塞威士リンゴが高い相同性を維持しており、最も原始的な品種。同じく中央アジアのカザフスタン国内の塞威士リンゴは、遺伝の純度が低い。これは世界のリンゴ栽培の起源が、中国新疆にあることを十分に説明している」と話した。

中文报道的最后一段,在编译为日文时被全部删除了,这部分是与主题相关性较弱的背景信息,删掉后译文结构更加紧凑,主题更加明确。

(三) 删减赘余的举例、解释性信息

例22

智能餐具,吃货福音

2017年08月17日　08:39　来源:人民网—人民日报海外版

现代生活紧张而又忙碌,这使得我们几乎没有时间提前准备有营养的食物。除了忙碌的生活,人们不愿做饭的另一个原因是不知道做什么。

日前,美国一家公司研发出了一款新式智能饭盒。这款饭盒不仅可以替你完成准备食物、打包食物以及储存食物等一系列工作,而且该公司还与烹饪专家以及在线社区合作,在其相应的应用上发布食谱,每周都会发布新的菜谱,这些新的菜谱可迎合不同饮食需求和健康目标的人群。饭盒由共聚酯制成,这意味着这款饭盒可以用微波进行加热,可以冷冻,并且用它贮存食物绝对安全。

这款餐盒采用竹质手拿包式设计,既方便拿放,也比其他普通饭盒更为坚固。内部开合处则设有磁铁垫,这样可以固定住同样带有磁铁片的餐具,方便携带,用时饭盒展开的部分也可以作为就餐垫使用。

如果只能吃外卖,那就带上自己的餐具吧。近日,两名加拿大少

年发明了一种智能餐具，该智能餐具可用于叉子、勺子和筷子等多种形式，使用"近红外光谱"技术分析食物中的分子，可扫描食物中的细菌、过敏原和营养成分。不同种类食物的分子以不同方式振动，由此创造出其独特的"光学签名"，智能餐具据此与数据库进行比对，从而识别和确定食物中的特定分子。

害怕进餐时吃太快不健康并且会导致体重增加？那就试试智能叉子。它自带蓝牙传输、电容式传感器和一个振动电机。当你用它进餐时，叉子内置的传感器能够记录你进食的速度。如果你吃得太快，它会震动，提醒你放慢速度。其附带的移动应用不仅能够追踪你吃了多少口，还能够显示你的用餐开始时间，甚至还能记录将食物从盘子里送到口中花了多少时间。

饭后不用洗碗是很多懒人们梦寐以求的事。瑞典一家设计工作室就制作了一套具有自我清洁功能的碟子和碗具。这套餐具由植物纤维素材料制作而成，其表面通过一种特殊的疏水性涂层处理，可以自动排除污垢进行自我清洁。从此，和辛苦洗碗的日子说拜拜。

有了这些智能餐具，吃货们从此就可以放心地吃起来。

スマート食器、食いしん坊に朗報
人民網日本語版　2017 年 08 月 18 日　08:16

現代生活は忙しく慌ただしい。そのため、私たちは栄養価値の高い料理を準備する時間がほとんどないほどだ。生活が慌ただしいということ以外に、何を作ったら良いか分からないというのが、自炊を避けるもう一つの理由となっている。人民日報海外版が伝えた。

米国の某社はこのほど、新型スマート弁当箱を開発した。この弁当箱は人の代わりに食べ物を準備し、中に入れ、保存するといった一連の作業を実行してくれる。さらに同社はプロの調理師やオンラインコミュニティと協力し、アプリで毎週新しい献立を発表している。この献立は、異なる食の摂取と健康目標を持つ人々の異なる需要に合わせている。弁当箱の蓋には磁石があり、同じく磁石が取り付けられている食器を固定できる。この弁当箱は持ち運びやすく、さらに蓋の裏を弁当シートとして使用できる。

食事中に速く食べ過ぎると不健康で、肥満の原因になることを

心配している場合、このスマートフォークを試すといいだろう。ブルートゥース、容量式トランスデューサー、振動モーターを内蔵しているこのフォークを使って食事をすると、内蔵されたセンサーが食べる速さを記録する。速すぎれば振動し、ゆっくり食べるよう促す。対応するモバイルアプリは何口食べたかを調べ、食べ始めた時間を表示する。さらには食べ物を器から口に入れるのにどれくらいの時間がかかったかを記録する。

　食後に食器を洗わなくて済むことは、多くの怠け者の夢だ。スウェーデンのあるデザインスタジオは、自ら洗浄する機能を持つ皿と碗を開発した。これらの食器は植物繊維でできており、表面には特殊な疎水性コーティング処理が施されているため、自動的に汚れを取り除き洗浄できる。これがあれば、苦労して皿を洗う日々に別れを告げることができるかもしれない。

　中文文本主要讲的是智能餐具，其他一些联系比较弱的信息，如"饭盒由……制成，……可以……并且用它……绝对安全"，"采用……设计，既……，也比其他普通饭盒更为坚固"，中间一大段"如果只能吃外卖……从而识别和确定食物中的特定分子"，以及最后的一句"有了这些智能餐具，吃货们从此就可以放心地吃起来"，这些解释性信息和举例在编译成日文的时候可以省略。

二、增补法

　在科技类新闻中，原文里经常会出现一些对于译入语读者来说陌生的事物或人物，例如国外公司的名称、性质、科技产品的功能、机构的名称、人物的身份等，有时原文中还会出现一些缩略语，原文作者并未给出相关的解释，译者在编译时应对这部分名称加以解释，给出其相应的背景介绍，以利于读者流畅阅读。[4]

　例 23
　"目前北京每天产生垃圾 2 万多吨，现在有包括鲁家山在内的 3 个垃圾焚烧厂，每天可以焚烧 9 800 吨，占到总垃圾量的 43％。"北京城管委环卫设施处处长林晋文告诉中国青年报·中青在线记者，到"十三五"末期，北京垃圾焚烧处理率将达 70％，原生垃圾实现"零填埋"。

　北京都市管理委員会環境保護施設所の林晋文所長は取材に対し

て「現在、北京市では1日あたり2万トン以上のゴミが発生する。同市には魯家山を含む3つのゴミ焼却場があり、毎日9 800トンを焼却できる。これはゴミ全体の43％を占める。2020年までに北京のゴミ焼却処理率は70％になり、焼却可能なゴミの埋め立てをゼロにしていく計画だ」と話した。

"十三五"是一个缩略语,编译者在编译时,为方便日本读者理解,将"十三五"所指明确为"2020年までに",免去了读者再次查阅的不便。

例24

腾讯安全日前发布的《2017年上半年互联网安全报告》显示,今年上半年,针对PC端的病毒攻击环比增加30％,恶意程序数量逐年攀升;超过1亿的手机用户感染过手机病毒,二维码已成为主流病毒渠道来源。

中国のIT大手・腾訊(テンセント)のセキュリティ部門が発表した「2017年上半期インターネットセキュリティ報告書」によると、今年上半期にPCを対象とするウイルス攻撃は前年下半期比で30％増加し、マルウェアの数が年々増加している。携帯電話ユーザーの1億人以上がウイルスに感染したことがあり、QRコードが主なウイルス感染ルートになっている。

编译时增加了对"腾訊"的解释,即中国的IT大企业,并在括号里用片假名注解,利于日本读者流畅阅读。

例25

"天舟一号"货运飞船成功释放立方星

2017年08月03日　08:34　来源:新华社

新华社北京8月2日电(记者　白国龙)记者从中国航天科技集团公司五院获悉,8月1日,我国天舟一号货运飞船成功在轨释放一颗立方星,这颗立方星随即被地面工作人员成功"捕获"。

本次试验是我国首次通过飞船系统采用在轨储存方式释放立方星,完成了非火工品装置的分离解锁技术、部署发射器与立方星间接

口匹配技术以及部署发射器制造的材料和工艺保证技术验证,为后续我国空间站开展微纳卫星部署发射及在轨服务奠定了技术基础。

　　据介绍,本次在轨释放的立方星为标准 3U 结构,安装在立方星在轨部署发射器内,于今年 4 月 20 日随天舟一号货运飞船发射升空,已在轨储存 104 天,该星的主要任务是开展相关航天新技术试验验证。

無人補給船「天舟 1 号」、キューブサットを投入

人民網日本語版　2017 年 08 月 03 日　11:20

　　中国航天科技集団公司第五研究院が発表した情報によると、無人補給船「天舟 1 号」は 1 日、軌道上でキューブサットを投入した。さらに、地上スタッフがこのキューブサットの位置の特定に成功した。

　　今回の試験で、中国は初めて宇宙船に軌道上でキューブサットを投入させ、非火工品装置の切り離し・キー解除技術、発射機・キューブサット間接続口マッチング技術、発射機製造の材料・技術保証技術の論証を終えた。これにより宇宙ステーションでナノサットを打ち上げ、軌道上で稼働させる技術の基礎を固めた。

　　情報によると、このキューブサットは標準的な 3U 構造で、発射機内に搭載された。今年 4 月 20 日に天舟 1 号と共に打ち上げられ、軌道上で 104 日間保管されていた。同衛星の主要任務は、関連宇宙新技術の試験と検証だ。

　　译文对标题增加了"無人補給船"。

三、整合法

　　在编译过程中,整合文中表达重复的语段、调整不同段落中有逻辑联系的句子的语序,能够使译文的主题更加明确,表达更加简练。

(一) 整合重复信息

例 26

韩媒:报告称中国在 AI 领域超韩国与美相差 1.8 年

2017 - 08 - 15　05:31:41　来源:参考消息网

核心提示:报道称,人工智能和云技术被看作第四次工业革命的

核心竞争力,韩国在这一领域落后美国1.9年,中国在这一领域技术水平超过韩国,与美国相差1.8年。

参考消息网8月15日报道　韩媒称,韩国信息通信技术振兴中心(IITP)日前面向5287名专家进行问卷调查,对韩国ICT产业(信息、通信和技术)竞争力进行综合评价,于8月13日公开结果显示,韩国ICT产业竞争力最强的领域是移动通信和广播影视。

据韩国《亚洲经济》8月13日报道,美国作为ICT产业研发的先导国家,在各领域技术水平上均领先韩国,两国平均差距为1.5年。欧洲和日本在ICT产业技术竞争力上与美国的平均差距分别为0.8年和0.9年,中国为1.7年。

按照去年的标准,韩国的移动通信技术落后美国0.6年,在各领域中与美国的技术差距最小。受访专家认为,去年10月,韩国在全球率先实现了5G试验通话,并已启动商业化进程,展现了韩国在该领域的一流竞争力。

专家认为,韩国ICT产业中发展速度相对较为缓慢的领域是卫星观测感应和频率共享技术,与美国的差距达到2.1年。主要原因是卫星运载火箭发射等开发宇宙的经验相对不足。

报道称,人工智能和云技术被看作是第四次工业革命的核心竞争力,韩国在这一领域落后美国1.9年,中国在这一领域技术水平超过韩国,与美国相差1.8年。

韩国信息通信技术振兴中心负责人表示,从去年下半年开始,三星电子、SK电信、Naver、Kakao等主要IT企业开始陆续扩大在人工智能领域的投资,但投资规模和技术竞争力与其他外国知名企业相比仍存在较大差距。

中国のAI分野の技術は韓国より上　米国との差は1.8年

2017-08-16　09:00:52　チヤイナネット

韓国メディアによると、韓国の情報通信技術振興センター(IITP)はこのほど、5287人の専門家を対象に韓国のICT産業(情報、通信、技術)の競争力についてアンケート調査を実施した。8月13日に発表された調査結果によると、韓国のICT産業で競争力が最も強い分野はモバイル通信と放送であることがわかった。

韓国の『アジア経済』の8月13日の報道によると、米国はICT産業の開発をリードする国で、各分野の技術は韓国を上回り、その差は平均1.5年になる。欧州と日本の米国の技術競争力との差は0.8年と0.9年、中国は1.7年。

前年の結果を見ると、韓国のモバイル通信技術は米国より0.6年遅れており、各分野の中で最も小さい。アンケートに応じた専門家は、昨年10月、韓国は世界を率先して5G通話の実験を行い、ビジネス化に着手し、同分野での競争力を示したとみている。

専門家によると、韓国のICT産業で発展が遅い分野は衛星観測と周波数共有の技術で、米国との差は2.1年に達する。衛星搭載ロケットの打ち上げなど、宇宙開発の経験が不足していることが主な原因だという。

報道によると、人工知能とクラウド技術は第4次産業革命のコア競争力とされ、韓国はこの分野で米国より1.9年遅れている。中国の技術は韓国より上で、米国との差は1.8年である。

IIPPの責任者によると、昨年下半期からサムスン電子、SKテレコム、Naver、カカオなどの大手IT企業は人工知能分野への投資を増やしているが、投資規模と技術競争力はその他の外国の有名企業とまだ差がある。

原文中两次提及"人工智能和云技术被看作第四次工业革命的核心竞争力，韩国在这一领域落后美国1.9年，中国在这一领域技术水平超过韩国，与美国相差1.8年"，编译时将两部分整合，避免重复。

（二）调整句子顺序
例27
科技助力北京"改造"垃圾
2017-04-21　14:36:00　中国青年报

一座酷似高铁站的大型建筑坐落于北京门头沟东南部的山中，绿色的外观与初春的山林相互映衬。门口的电子显示牌实时显示这里PM2.5为22。这样整体舒适、安静的环境，让人难以相信这是一座大型垃圾焚烧厂，每天能够处理掉北京六分之一的城市生活垃圾。

这是北京市鲁家山循环经济基地。此处曾是首钢的一个废弃的石灰石矿区,2013年成为国内首家获批的循环经济产业园。其中的垃圾焚烧厂是亚洲最大的单体垃圾焚烧发电厂,由北京市政府和首钢集团各出资50%建设,政府特许经营。

这里每年可以焚烧100万吨垃圾,产生的电可以满足20万个家庭的用电需求,冬天可以给100万平方米住宅供暖。

到2020年,北京垃圾焚烧处理率将达70%

"目前北京每天产生垃圾2万多吨,现在有包括鲁家山在内的3个垃圾焚烧厂,每天可以焚烧9 800吨,占到总垃圾量的43%。"北京城管委环卫设施处处长林晋文告诉中国青年报·中青在线记者,到"十三五"末期,北京垃圾焚烧处理率将达70%,原生垃圾实现"零填埋"。

让垃圾变成园林绿化肥料、建筑用砖,用于发电、发热供暖,这背后是科技的力量。

中国青年报·中青在线记者进入焚烧厂一二号线的操作间,3位机械手操作员正在紧张地工作。透过封闭玻璃,记者看到一个深35米、长58米、宽27米的巨大垃圾池,大型机械手把垃圾一把"抓"起来放进方斗。这一把就能"抓"起10吨,这个巨大垃圾池能够容纳4万吨垃圾。生活垃圾在垃圾池经过7天的发酵,进入焚烧炉焚烧发电。

"虽然是企业,但我们的经营利润压力不大,我们的任务就是高标准地对垃圾进行处理。"贾延明是北京首钢生物质能源科技公司的总经理,也是鲁家山循环经济基地的投资运营方负责人。他说,这家企业的原则就是环保到极致,社会效益大于经济效益。目前垃圾发电、生物质发电都有国家补贴。

贾延明告诉中国青年报·中青在线记者,焚烧厂无异味、无噪音,废水零排放,大气排放监控数字都低于设计指标,有些甚至是设计指标的十分之一。

全封闭处理运输,垃圾不再姓"臭"

垃圾焚烧的效果与垃圾成分有关。运到鲁家山的垃圾是从北京市几个区的垃圾转运站运来的生活垃圾,之前都经过了机械分选和预处理。

"如果前期分类做好，我们焚烧起来效果就好些。比如里面有大体积的建筑垃圾，就会损坏设备，对我们的生产有影响。"贾延明说。

垃圾转运站承担了垃圾分类的任务。北京马家楼生活垃圾转运站是由德国政府捐赠的，1998年开始投产，有我国第一批大型自动化垃圾分选设备。如今生产线已经完全国产化。

刘凯是该站的站长，他介绍说，北京环卫集团的垃圾车把从各个居民区收集来的垃圾送到这里进行上线分选，经过滚筒筛选、磁力分选、风力分选等自动处理工艺后，分选出焚烧料、有机料、塑料和铁。有机料用来堆肥处理，目前的"京环保"花肥已经成为名牌产品。

马家楼垃圾转运站以前由于厂房没有密闭，加之原来垃圾处理技术的限制，垃圾分拣始终没过"味道"这一关。2016年9月，马家楼垃圾转运站完成了全密闭除臭升级改造，采用了北京环卫集团自主研发的火山岩、松树皮、灭菌液等多层灭菌除臭专利技术。

"我们的所有空气监督数据随时向社会公示。"刘凯说，现在整个垃圾转运处理都是封闭式，转运站无任何异味，整个厂区非常清洁。

在前端的垃圾运输方面，北京环保集团自主研发的电动封闭转运车已经大量应用。特别是餐厨余垃圾，采用一种船式垃圾运输车，快捷、密闭性好。

垃圾分类是为了提高焚烧效率

"推进生活垃圾分类要遵循减量化、资源化、无害化原则，加快建立分类投放、分类收集、分类运输、分类处理的垃圾处理系统，形成以法治为基础、政府推动、全民参与、城乡统筹、因地制宜的垃圾分类制度。"这是近日国务院出台的《生活垃圾分类制度实施方案》提出的总体原则。该方案同时也提出目标，即到2020年年底，基本建立垃圾分类相关法律法规和标准体系，形成可复制、可推广的生活垃圾分类模式，在实施生活垃圾强制分类的城市，生活垃圾回收利用率达35%以上。

其实，对于垃圾处理和分类一直有不同的意见，有观点认为既然终端处理设施无法满足分类，那么源头就无需过多分类；而有人则认为我们应向德国、日本等发达国家学习，进一步细化垃圾分类。

清华大学环境学院刘建国教授告诉中国青年报·中青在线记者，要客观评价这些争论，就要先对垃圾分类与处理之间的关系、垃

圾分类与焚烧之间的关系、垃圾分类与减量之间的关系有正确认识。

　　刘建国是清华大学固体废物处理与环境安全国家重点实验室副主任,他认为,垃圾分类一定是垃圾处理水平到了一定阶段的产物。我国垃圾处理历史不长,上世纪 80 年代才开始收运,90 年代才有无害化处理,2000 年之后垃圾焚烧快速发展。刘建国表示,一定要有现代化处理设施才能有实质性的垃圾分类,否则就只是表面文章。这也是为什么前些年垃圾分类进展缓慢的原因。垃圾处理水平到了一定阶段,垃圾分类就能水到渠成。

　　垃圾焚烧一直有不少反对的声音,对此,刘建国表示:"世界上垃圾处理做得好的国家,也是垃圾焚烧比例高的国家,例如日本是世界上垃圾焚烧率最高的国家,比例高的还有德国,但他们垃圾分类也做得好。垃圾分类不是为了不烧,而是为了提高焚烧效果、减少排放。"

　　"垃圾分类并不能直接实现减量目标,但垃圾分类有助于减量,倒逼立法、执法,让我们出台垃圾减量的制度规范,提高资源回收的效率。"刘建国强调,"垃圾分类成效高低取决于社会治理水平,取决于全民参与的程度。"

　　中国青年报·中青在线记者　李新玲　来源:中国青年报
(2017 年 04 月 21 日 03 版)

科学技術の力、北京のゴミ処理を改善

人民網日本語版　2017 年 04 月 21 日　14:38

　　高速鉄道駅に似た大型建築物が北京市門頭溝区南東部の山中にある。その建物の緑色の外観は、初春の山林に美しく映えていた。入口のディスプレイには現地のリアルタイムのPM2.5 濃度が「22」と示されていた。このようにゆったりと静かな場所が実は1日あたり北京市の生活ゴミの6分の1を処理することができる大型ゴミ焼却場であるとはなかなか信じられないだろう。中国青年報が伝えた。

　　ここは北京魯家山循環経済基地。ここでは毎年 100 万トンのゴミを焼却でき、それにより発生する電力は、20 万世帯の需要を満たし、冬には住宅 100 万平方メートルに暖房を供給することができる。

北京のゴミ焼却処理率、2020 年には70％に

　北京都市管理委員会環境保護施設所の林晋文所長は取材に対して「現在、北京市では1 日あたり2 万トン以上のゴミが発生する。同市には魯家山を含む3つのゴミ焼却場があり、毎日 9800 トンを焼却できる。これはゴミ全体の43％を占める。2020 年までに北京のゴミ焼却処理率は70％になり、焼却可能なゴミの埋め立てをゼロにしていく計画だ」と話した。

　ゴミを園林の緑化肥料、建築用レンガにし、さらには発電や暖房供給に用いる。これを支えるのは、科学技術の力だ。取材のため、ゴミ処理場1・2 号線の操作室に入ると、3 人のロボットアームオペレーターが緊張しながら作業中だった。密閉ガラスを通して、深さ35メートル、縦 58メートル、横 27メートルの巨大な槽が見える。大型ロボットアームはゴミを1 度で10 トンもつかむことができる。この巨大な槽には、4 万トンのゴミが入る。生活ゴミはこの槽の中で7 日間発酵させたあと、焼却炉に入れて焼却し、発電に用いられる。

ゴミ分別は、焼却効率を上げるため

　ゴミ焼却の効果は、ゴミの成分と大きく関係している。魯家山のゴミは、北京市の複数の区の中継所から運ばれてきたもので、すでに機械による分別と事前処理が施されている。

　魯家山循環経済基地の投資・運営責任者の賈延明氏は「最初の段階できちんと分別されていれば、焼却の効果が高くなる。もしゴミの中に大きな建設ゴミなどが含まれていた場合、設備の故障をまねき、稼働に影響が及ぶ」とした。

　ゴミ中継所は分別の任務を担っている。北京馬家楼生活ゴミ中継所は、ドイツ政府から寄贈されたもので、1998 年に稼働開始。中国初の大型自動化ゴミ分別設備を持つ。この生産ラインは現在、完全に国産化している。

　同中継所の劉凱所長は「北京環衛集団のゴミ収集車は各団地から収集したゴミをここに運び、分別を行う。ローラー、磁力、風力による分別といった自動処理を経て、燃えるゴミ、有機ゴミ、プラスチック、鉄に分別される」と話した。

　　ゴミ焼却には常に反対の声がつきまとう。清華大学固形廃棄物処理・環境安全国家重点実験室の劉建国副主任は「世界でゴミ処理が最も優れている国は、焼却の比率が高い国でもある。例えば日本は焼却の比率が最も高い国で、ドイツも高い。しかしこれらの国は、ゴミ分別も徹底している。分別は焼却しないためではなく、焼却の効果を高め汚染を防止するためだ」と指摘した。(編集YF)

　　编译时删减了北京市鲁家山的详细介绍，因与题目北京的垃圾改造并无很深的关系，所以删除。下文中对贾延明的介绍，以及对马家楼垃圾转运站等的阐述部分，与文章联系较弱，亦删除。将"垃圾分类是为了提高焚烧效率"调整到前面，使文章结构更清晰。

参考文献

［1］刘宓庆. 文体与翻译［M］. 中国对外翻译出版公司，1998.
［2］杨越. 科技新闻编译翻译实践报告［D］. 天津大学，2015.
［3］聂翠蓉. 浅谈科技新闻的编译［J］. 中国科教创新导刊，2007(23)：173－173.
［4］张晓红. 环球网科技新闻编译实践报告［D］. 天津大学，2015.

* * *

练　习

请将下列中文编译成日文。

练习1

我国长征火箭正开发海上发射　助推商业航天
2017－07－06　23:38:46　来源：新华社

　　新华社北京7月6日电　(记者白国龙)　针对国际商业用户的需求，我国长征火箭正开发基于固体运载火箭的海上发射服务。

　　6日，在中国航天科技集团公司所属中国长城工业集团有限公司(简称"长城公司")举办的长征商业发射用户大会上，长城公司副总经理付志恒说，近年来，许多地处赤道地区的国家对发射近赤道、低倾角卫星的需求越来越旺

盛。发射这类卫星,离赤道越近,运载能力损失越小,发射成本越低。因此在靠近赤道的海上进行火箭发射,成为许多航天强国争相开发的一种发射模式。

"对于海上发射,我国目前已有明确计划。"航天科技集团一院宇航部副部长唐亚刚表示,海上发射在技术上并不困难,海上发射平台可由万吨级的普通货船加以改造,火箭则采用对发射设施依赖较少、目前技术较成熟的固体火箭。

唐亚刚说,长征火箭今年将进行海上发射的关键技术试验,预计 2018 年就可以面向国际商业用户提供这种发射方式。届时,长征火箭可将 500 千克的卫星送到轨道倾角为 0 到 10 度,高度为 500 公里的轨道。

近年来,作为中国高新技术在国际市场上的一个金字招牌,长征火箭主动进入国际市场,深度参与国际竞争。据付志恒介绍,截至目前,各型号长征火箭已累计为国内外客户提供商业发射 60 次,其中搭载发射服务 14 次,凭借高可靠性的品质,在国际商业航天市场享有很高声誉。

在会上,作为长征火箭的用户之一,九天微星科技发展有限公司首席执行官谢涛表示,航天领域有高技术,更有高风险。业内对航天的高风险有充分的理解,因此并不会因为偶然出现问题就丧失信心。

"过去十多年,长征火箭是市场上表现最好的火箭之一,目前来看,国内外市场对中国长征火箭很有信心。"长城公司副总经理付志恒说。

练习 2
新华时评:"复兴号"开启中国高铁领跑新征程
2017－06－26　18:59:53　来源:新华社

新华社上海 6 月 26 日电　题:"复兴号"开启中国高铁领跑新征程

新华社记者周琳、贾远琨

中国标准动车组"复兴号",26 日在京沪高铁线正式双向首发。它由中国铁路总公司牵头研制、具有完全自主知识产权,并达到世界先进水平。这是中国高铁告别跟跑者历史、驶向领跑者位置的新征程,更意味着中国科研人向着世界科技强国这一目标又迈进了一大步。

"复兴号"的投用,是中国高铁发展史上浓重的一笔。首次实现了动车组牵引、制动、网络控制系统的全面自主化,标志着我国已全面掌握高速铁路核心技术。在 254 项重要标准中,中国标准占 84％。体系完整、结构合理、先进科学的高速动车组技术标准体系,标志着我国高速动车组技术全面

实现自主化、标准化和系列化,极大增强了我国高铁的国际话语权和核心竞争力。

"复兴号"首发再次证明,成功的背后没有偶然,有的是体制机制的保障。"复兴号"中国标准动车组研制项目是国家重点支持项目,被列入国家"十二五"战略性新兴产业示范工程。自2012年开始,中国铁路总公司集合国内企业、高校、科研单位等优势力量,产学研用紧密结合、协同创新。特别是党的十八大以来,一系列科技体制改革举措出台,着力破除制约创新创造的障碍,为中国高铁实现自主创新营造了良好的制度环境。

"科技兴则民族兴,科技强则国家强"。近来,一大批具有世界前沿水平的科技成果在神州大地不断涌现:神舟十一号和天宫二号相继发射成功;国产大飞机C919首飞;中国首颗X射线天文卫星"慧眼"发射成功;"墨子号"量子科学实验卫星在国际上率先实现千公里级的量子纠缠;"神威·太湖之光"超级计算机蝉联世界超算冠军……这些科技成果成为中国在世界舞台上的亮丽名片,而科技创新的背后亦是综合国力的提升。

此次中国标准动车组以"复兴号"命名,其意不言而喻。人们期待,未来能在更多的领域涌现出更多的"复兴号",让中华民族伟大复兴的中国梦早日实现。

练习3
黑科技或将造就新品牌新产业
2017-07-27　来源:科技日报　作者:李禾

酷暑难耐,"出门五分钟,流汗两小时"成为三伏天大家调侃时常说的话。汗流浃背的天气里,饮料简直是仅次于空调的手持便捷式"灭火器"。

据国家统计局数据,去年我国规模以上饮料生产企业资产总计4 839.29亿元,同比增长4.98%,其中,果蔬汁类饮料资产累计增长最多,为10.07%。

数据也从另一个角度显示了人们的心理:虽然知道喝碳酸饮料、果汁等会摄入热量过高,导致肥胖、糖尿病,损害牙齿等,但白开水喝起来实在是寡淡无味,明知道是健康的,也是老大不乐意。

其实,对于如何才能保证健康喝水的问题,全世界都一样"头疼"。有数据显示,美国人平均每年摄入42加仑的甜饮料,2015膳食指南建议美国人减少对糖的消耗,通过喝水而不是喝饮料来缓解口渴。

"头疼"催生了黑科技。自称是"糖斗士"的美国The Right Cup创始人兼

CEO Isaac Lavi,想要引领甜饮料的新潮流——通过一款香味杯,可以使大脑将一杯白开水视作一种果味饮料。

Isaac Lavi 解释了发明 The Right Cup 这种新杯子把白水变"饮料"的奥秘。原理很简单:人之所以能感受到味道,是嗅觉和味蕾共同作用的结果,其中嗅觉负责了80%的味道体验。因此,当人们感冒鼻塞时,吃东西没有啥味道就是这个道理。

The Right Cup 利用了这个原理,它的材质中添加了一种水果芳香风味剂,杯沿采用了专利的甜味技术。当人们用其喝水时,水果芳香风味剂使人可以闻到水果香味,甜味技术让舌尖有了甜甜的感觉,即使喝的是100%的白开水,大脑也会让人们误以为自己在喝饮料。

作为领先的气味营销和应用专家,通过使用专利技术并经过数年的改良,Isaac Lavi 成功创造了 The Right Cup。他把纳米级别的气味分子加入杯子本身,彩色的杯体使用食品级芳香香精并具有一种温和的甜味。杯子经过了美国食品药品管理局(FDA)的批准,到目前为止,这家公司已经研制了橘子风味的橘色杯子、混合浆果风味的紫色杯子、苹果风味的绿色杯子以及一款柠檬风味的黄色杯子。

据 The Right Cup 的 Indiegogo 众筹页面显示,这款杯子的众筹价为29美元,比饮料贵多了。不过这些都不能阻挡人们的热情。2015年末,Isaac Lavi 和他的团队发起了众筹,筹款达158万美元,是目标金额的8.6倍。去年4月,第一批杯子陆续被送到全球各地,数万人亲身体验了"白水变饮料"的神奇。如今在淘宝上,也有了该杯子的销售,价格是278元人民币。

对此,中国疾病预防中心研究员尚琪表示,从人的生理上看,人能感知味道和气味,不论什么原理,均需要有物质来传递,没有物质的传递就感知不到任何味道。The Right Cup 是将产生味觉的物质集中在一起,就像嘴里含着糖同时喝水一样,喝水时就会有糖的感觉。尽管水果芳香风味剂通过了美国食品药品管理局的审核,但尚琪认为,浓缩在杯子上的究竟是什么物质、长期食用到底有没有害,这些还需要有具体的实验数据才能评判。

新产品具有吸引力,市场就会有跟风者。把白水变成"饮料",除了 The Right Cup 外,目前美国还出现了 Cirkul 水杯。

这个水杯里面多了一个类似过滤器的小棒——"维生素仓",白开水通过这个仓,流出后就变成了富含维生素的果味水,口感堪比饮料,但完全无糖,零热量。为了迎合不同人群的需求,Cirkul 水杯推出了八种口味。目前,其众筹

价与 The Right Cup 差不多,约为 27 美元。如果众筹情况顺利,预计 9 月份将送到用户手中。

根据《2016—2022 年中国水杯行业市场分析及"十三五"发展前景预测报告》,2015 年,我国各种材质杯子国内市场销售规模已达 730 亿元人民币。如今的水杯已不再仅用来喝水,随着科技发展和人们消费水平的提高,人们对水杯样式和功能提出更多要求。伴随着水杯功能的多样化、智能化,其时尚性也越来越强,加速了水杯的更新换代,极大缩短了水杯使用周期,从而刺激了消费。预计到 2022 年,我国杯子市场规模将达 1 340 亿元。

日用品市场研究专家杨菲说,目前,中国饮料行业也进入了降速增长的"新常态"发展阶段,更需要差异化竞争。而黑科技水杯不但能"让不爱喝白水的人多喝几口",喝得更健康,而且有可能造就新产业和新品牌。

第六章　中日社会新闻编译

第一节　社会新闻

　　社会新闻属于新闻的一种，是涉及人民群众日常生活的社会事件、社会问题、社会风貌的报道，其中包括社会问题、社会事件和社会生活方面的内容，尤以社会道德伦理为基础反映社会风尚的新闻为主。社会新闻是不同形态的人性展示，是不同的人生形态对生命的诠释。1980年前中国出现了"社会新闻"这个词后，先后有众多的媒体高人对社会新闻给予注解，社会新闻也成为媒体关注的一个话题。和其他事物一样，社会新闻也是以人为本。直观地讲，社会新闻是社会与人之间、人与自然之间的关系，它能够引起广泛的社会兴趣，是以社会伦理道德为基础对现代社会解析，是反映生活、意识、问题、现象，有深度、有教育、有传播意义的事实新闻报道。这些内容包括发生在身边的好的、恶的、感性的、离奇的事。例如好人好事、灾难事故、感情纠葛、道德风尚、官司纠纷、奇异现象、生活变化、婚姻家庭、风俗习惯、趣闻轶事等，都可划为社会新闻之列。

一、社会新闻的特点

（一）广泛性与包容性

社会新闻的题材范围比较广泛，涉及社会生活的方方面面，囊括了各行各业各个领域。

社会新闻与人民的生活息息相关，多在弘扬时代精神，宣传好人好事，以树立正确的价值观。从小的方面来看有助人为乐、舍己救人，大的方面诸如奉公守法、为民除害、为社会稳定做出奉献的社会大事迹等。社会新闻直接与伦理道德相关联，与人民的生活密不可分，且牵涉面极广。

（二）可读性与有趣性

社会新闻最主要的特点就是贴近社会生活、贴近百姓生活。小到柴米油盐、菜篮子米袋子，大到社会潮流、股票价格、社会需求，人们的社会生活、情感世界，都是与人们息息相关的事情，也是人们所关心和感兴趣的事情。编译者要努力使与此类话题相关的社会新闻报道都能引起人们的阅读兴趣，使之具有可读性和有趣性。无论是记者、编辑，还是编译人员，体验生活也是必要的，深入社会深处，挖掘社会信息，体察民情、了解民生，这样更有利于理解原作的写作意图，有利于编译出为读者喜闻乐见的社会新闻。

（三）时空跨跃性与机动灵活性

由于社会时尚的需求与社会新闻的引导功能，以及对新闻背景的挖掘要求不严格，社会新闻往往跨越了很大的时间和空间距离，去追寻、去构成新闻需要的素材，与此同时，社会新闻还有其机动性与灵活性，身边小事，俯拾即是，既可速写，亦可杂谈，可长可短，机动灵活，妙趣横生。由于社会新闻的涉猎面相当广泛，对社会生活产生了或直接或潜移默化、不可低估的影响，其作用也是相当深刻而明显的。普遍认为它具有其他新闻种类难以达到的对大众和各个社会层面受众的教育与激励作用，具有社会舆论的监督与导向作用和社会道德评判作用、醒世警世的作用。

这里需要特别指出的是，社会主义的社会新闻与资本主义的社会新闻有着本质的区别。社会主义新闻媒介传播的社会新闻，要以社会主义思想情操和伦理道德为基础，以发扬社会主义生活中的积极因素，培养公正健康的社会

舆论为目的,歌颂新人新事新风尚,批评揭露自私愚昧颓废的旧观念,使人们增长知识、开阔视野。在我们社会主义新闻阵地上,社会新闻的社会效果从总体上说是好的,对社会风气起引导和净化作用。人民的新闻工作者以全心全意为人民服务为根本宗旨,以社会效益为最高原则,弘扬爱国主义、集体主义和社会主义,并真诚地和人民共患难、同甘苦、齐爱憎。[1]

二、社会新闻的文本结构

(一)标题浓缩核心内容

新闻的标题就如人的眼睛,要能传情达意,表达出新闻的核心内容,帮助读者迅速了解新闻的主要内容,以吸引读者了解详情。如"人民解放军百万大军横渡长江"标题,直接告诉读者"百万大军横渡长江"的真实事件,直击这篇新闻最核心的内容,精练准确。

(二)导语扼要揭示核心内容,先声夺人

导语是新闻开头的第一段或第一句话,它主要是告诉读者这条新闻的内容是什么,制造适当气氛,使者乐意读下去。它要求用简洁、生动的语言把最新鲜、最重要的事实放在前面,以便先声夺人。例如《人民解放军百万大军横渡长江》第一句"人民解放军百万大军,从一千余华里的战线上,冲破敌阵,横渡长江"是导语,扼要揭示了全文的核心内容,营造了一种紧张的气氛,先声夺人。

(三)主体内容充实,层次清楚,语言简明

主体是新闻的主干,它要承接导语,用实在的、典型的、具体的材料,印证导语中的提示,对导语的内容做进一步的扩展和阐释。例如《中原我军解放南阳》分五层叙述了我军占领南阳的过程,内容翔实,层次清晰,语言简明。

(四)背景烘托和深化主题,不喧宾夺主

任何新闻都是在一定的环境和历史条件下产生的,这就是它的背景。好的背景能烘托和深化主题,同时增加知识性和趣味性,帮助读者理解新闻的内容。如《中原我军解放南阳》介绍南阳为古宛县的那一段就是背景材料。在说明南阳位置的重要性同时,烘托和深化了主题。需要注意的是,背

景只是新闻的从属部分,不能喧宾夺主,也不是每条新闻都一定有背景,要根据需要而定。

(五)结语注意简要概括,进行评论或提出希望

结语是整篇新闻的收笔之处,它的作用是阐明事实的意义或指出事件发展的趋向,给读者以完整的感觉,也可给读者留下思索的余味。一般有对事实结果简要概括、对主要内容进行评论和根据报道的内容提出希望三种形式。不过,背景和结语有时可以暗含在主体中。

第二节　社会新闻编译的特点和要求

社会新闻具有以下几个特征:第一突发性和时效性极强;第二,具有继发性,影响深远;第三,往往涉及人的生命财产安全。这是中日双语文本均有的"共性"。该类新闻编译也呈现出一定的特征,主要体现在为了争取时效性,多采用先发简讯后发详细报道的形式进行报道,基本都以连续报道的形式出现,这一点在编译后的报道中体现得尤为明显。社会新闻的编译不同于一般的新闻翻译活动,它呈现出更为直接而强烈的目的性,要求编译后的新闻在内容和信息的匹配准确度上与原文等值,但在传递效果和重点上发生变化,这一变化的标准即读者的需求和关注点。译者要充分利用手头丰富的新闻内容储备,在编译稿的广度和深度上下功夫。[2]

在传媒发展的今天,如何将新闻事件做出新的视角,对于媒体人来说是十分重要的课题。而受众关注率较高的社会新闻的采编直接影响着新闻的质量。在社会新闻编译过程中,应该掌握方法和技巧。社会新闻编译是通过翻译和编辑的手段,将用原语写成的新闻转化、加工成为译语语言新闻的翻译方法。与原来的社会新闻相比,经编译而成的社会新闻保留了原语新闻的中心思想和主要信息,但内容更加集中、精炼,更适合在译语国家或地区进行二次传播,也更适合译语语言读者阅读和理解。

社会新闻的重要功能在于能最简明扼要地向读者显示社会新闻的主要内容,使读者在最短的时间内获得尽可能多的信息。为了突出社会新闻重点、刺激读者的阅读兴趣,日语社会新闻往往采用了一些特殊的表现手法,日语社会新闻的学者称之为"新闻语言"。

　　社会新闻句式简短精练,语言简洁是受人们称赞并为人们所追求的风格。对于社会新闻编译,简洁尤为重要,因为它要用尽可能少的篇幅提供尽可能多的信息。简洁并非简而不明、空洞无物,而是简单明了,既节省了篇幅又提供了较多的信息。社会新闻不但要求简洁,还应该让社会新闻更加贴近生活。新闻报道中达到语言简洁精练的手段有很多,包括精心选词、避繁就简、省略浓缩、化长为短等。

　　新闻的另一个句式特点是核心内容前置,社会新闻也是如此。社会新闻报道为了降低阅读难度,在句子成分安排上注意突出核心,一般把重点放在句首,其他内容置后。日语句式按核心内容所处位置划分,有松散句和圆周句。松散句在句首就显示句子核心内容,起解释和说明作用的成分后置,这种句式重点一目了然,易读性较高。圆周句则相反,是由修饰、解释成分逐步过渡到句子核心。这种句式对于文学作品较为合适,因为文学作品读者时间充足、环境安静、可以思索。[3]而新闻读者往往时间紧张,加之环境嘈杂,圆周句显然很不合适,因为它会增加阅读难度。所以日本的社会新闻报道中一般避免使用圆周句。

　　新闻编译是我国社会发展、经济发展的需要,也是我国新闻传播事业发展的需要,具有举足轻重的地位。因而对于新闻编译者的要求也非常高。新闻翻译的目的是把一种文字写成的新闻用另一种语言表达出来,经过多次传播,使译语读者不仅能获得原语新闻记者所报道的信息,而且还能获得与原语新闻读者大致相同的教育或启迪,获得与原语新闻读者大致相同的信息享受或文学享受。要实现这一目标,社会新闻编译者首先要不断丰富日文和中文知识,提高新闻敏感度、知识水平和政策把握能力等;其次要培养跨文化意识,要了解语言当中的社会文化,因为语言作为文化的载体,往往负载着一定的文化意蕴。要尽可能多地了解原语民族的文化,不仅要精通其语言,还要熟悉其政治、经济、历史、风俗习惯、感情生活、哲学思想、科技成就等。要深入研究语言学、跨文化交际学和翻译学,有意识地学习外国文化,同时不能忽视本国的语言和文化,要有意识地了解本民族的文化。

　　社会新闻属于一定社会上层建筑的意识形态范畴,它必定要为一定的阶级服务。在一些带有政治倾向的关键词的说法上,中日文有着很大的区别。而新闻编译是编和译的有机结合,译者对政治性言辞的翻译尤其要谨慎,要树立内外有别的政治立场,视情况予以必要的修正、删减和补充等,使读者不致被误导。

第三节　社会新闻编译的新新闻主义视角

社会新闻编译涉及民生百象,是了解一个国家社会风貌的重要窗口。随着当今跨国文化交流不断深入,社会新闻翻译的重要性也日益凸显。然而由于受新闻传播时效性、版面限制,以及中日文化差距等多方面的影响,新闻翻译需要增删源语信息、调整源语结构,即编译。传统中日新闻编译是按照汉语新闻写作模式对原新闻进行编辑翻译,这对社会新闻编译来说,缺乏生动性、人情味,在对外文化传播中缺乏引人深切关注的亮点。本节从新新闻主义视角,探讨社会新闻编译方法。

一、新新闻主义

新新闻主义理论于 20 世纪中后期兴起于美国,主张把小说写作技巧运用到新闻写作中。基于这种写作方法的报道,被称为新新闻主义报道。新新闻主义报道从全新视角为传统新闻写作注入新的活力,在 20 世纪中后期一度风行于美国。改革开放以来,随着中国社会日新月异的变化,新闻报道方式日益显现出对新闻传统的叛逆,一系列新的新闻报道文体,包括新新闻主义文体开始出现。

二、国内中日文社会新闻编译的现状

社会新闻编译基于源语新闻,源语新闻写作手法难免会影响到新闻编译的效果。中日文写作在表达方法上的差别主要是表现与陈述。由于受历史传统的影响,中文在新闻写作上偏于陈述,多平铺直叙,很少给读者留下深刻的印象,而日文则注重新闻事实的表现,较为生动。编译是从读者的特殊诉求出发,摄取原作中最有价值的内容进行加工、整理、翻译的活动。受我国传统新闻写作手法影响,国内新闻编译也没跳出汉语新闻写作套路。

三、新新闻主义与社会新闻编译

新新闻主义的写作技巧包括"第三人称视角"、"对话的记录"、"场景细节描写"等。用新新闻主义进行社会新闻编译,在传达原文内容的基础上,其小说化的写作技巧能使编译后的新闻丰满生动,拉近与读者的距离,满足读者期

待视野,从而有效实现传播目的。

传统新闻报道通常以直陈形式交代故事,或由记者以第一人称视角对故事进行写作报道。直陈式由于一马平川而平淡无奇。记者以第一人称写作其实也只是作者在事件发生后对所收集材料的汇总,而通常不是记者当场的所思所想,因而会给人距离感。而新新闻主义视角提倡采用第三人称视角,即从目击者角度出发写新闻,则会通过某个人的所见所闻、所思所想,把一切都展示在读者的面前,使读者觉得身临其境,那个人的思想就是他的思想,他甚至能进入那个人的情感世界。根据接受理论,作者要努力寻求与读者的对话与交流,重视读者的期待视野,将读者带入一种特定的情感态度中,从而在感情的共鸣中达到接受的效果。

根据接受理论,记者编译时,应提前预测现实读者的期待视野,考虑读者的审美趣味和接受水平,使译文读者的期待与译文达到融合。新新闻主义最基本的一种技巧就是场景的细节描写,通过构建一幅幅场景奠定故事基础,从而使故事自然发展。场景的细节描写,是指对场景中最不引人注目的细枝末节进行描写。细节描写运用得当,可使文章丰满生动,易于读者理解接受,从而获得欣赏的美感。因此,编译者在编译时应根据读者的阅读经验,通过场景细节编译等对语境进行详细交代,尽可能传达原文特质,同时易于读者接受,从而更好实现文化传播。

第四节 日语社会新闻中的谓语省略现象

日语社会新闻采取了大量省略各种句子成分的写作形式,从而使得报道文章简洁、紧凑。然而这样就给我们在编译的时候带来了很大的不便。那么日语社会新闻的这种特点是怎样形成的呢? 其中隐含着什么样的文化含义呢? 本节从日语社会新闻翻译的文化策略角度,论述日语社会新闻中谓语省略现象所隐含的文化含义,以及在编译中如何处理等问题。

省略表达是日语中比较常见的一种语言现象,一般意义上的省略表达通常是指句子中基本成分的省略,如主语、助词等。在报纸或电视、电台等进行社会新闻报道时,通常采用新闻式日语,它与日常会话和普通文章有较大的不同,具有新闻日语自身较明显的特点。其中最大的一个特点就是大量的谓语省略现象。以往的众多研究已就日语中包括语音、词汇、句子等各

种层面的省略表达做了广泛深入的探讨,但是从编译的文化策略角度来进行分析的文章还比较少,特别是针对日语社会新闻中的谓语省略现象进行的研究就更少了。

然而语言是文化的载体,承载着丰富的文化内涵。从某种实质意义上来讲,社会新闻编译不仅是两种语言之间的桥梁,更是两种文化之间的交流。因此,可以说社会新闻编译实际上是社会文化信息之间的转换。如果不能很好掌握中日文语言文化习惯的差异,编译时露出生硬牵强的痕迹,就会难以被读者接受。日语社会新闻中存在的谓语省略应该如何来把握,本节首先从实例分析开始。

例 1

日本の造船業界は一九七〇年代後半以降、旧運輸省の主導で二度にわたり大規模な設備削減を実施

例 2

辻哲夫厚労次官は十日の会見で「医師不足は大変深刻な事態で、最大限の努力をしていく」と表明

例 3

財務官は「為替は主要議題にならない」と表明

例 4

政策金利の据え置きは昨年八月のFOMCから七回連続

在以上的例句中,都省略了サ变动词"する",而在这些句子里,从文法的角度来讲,"する"可以有很多种活用形。"する、しない、した、するわけない"等,因此这样的省略,实际上给了句子结构无限的可能,也是一种把单项选择变为多项选择的表达方式。同样,可以说是把断定化的语气转变为委婉化的语气。然而在翻译的时候需要界定"する"的终极含义,而我们从上面的实例中可以看出,这些"する"在句子中都应该是肯定性的结句。

日语的谓语省略主要目的只有一点,即不给对方一个准确的答案,这样在对方的自我定义下不会使得答案唯一化。因为在日语表达中,某种强烈的断定会招致对方的反感,并导致对方激烈的回应。而省略谓语,能够使人感到有所回旋,从而使自我控制的答案向好的方向发展。这一点从日本文化的形成历史来看就能理解。古代日本的经济、政治文化中心在关西及九州地区,那里气候温暖,拥有优厚的地理条件,从事稻作的农户们在和睦的环境中懂得了以

柔克刚的道理,使他们的心理结构建造在和的基础上,以和为先,以和为主。同时,外来文化的传入对日本民族的文化心理起到了巨大的作用。日本先民在接受稻作文明的同时,也接受了稻作文明赖以生存的心理结构。这就使得这个民族的语言表达方式有了暧昧的特点,尤其是在社会新闻的表达中,新闻中传递的信息与民生百姓息息相关,所以编译社会新闻时更应该准确地掌握日语表达暧昧的特点,以期编译后的新闻得到读者的认同。

不同的心态对有若干选项的语言行为会有不同的答案。因此要了解一种语言特征,必须了解该特征产生的文化背景,这种了解将有助于扩大接受、兼容外来文化的视野,有机地处理好异文化之间的碰撞。正如钱钟书先生所说:"翻译总是以原作的那一国语言为出发点,以译成的这一国语言为到达点。"因此,我们在翻译的时候除了掌握语言知识之外,还必须了解语言知识以外的文化背景。

在日语新闻的谓语省略这一现象下,我们要从日本"和"的心态去理解这一表达方式,用日本人的委婉化、避免断定化的价值观去衡量谓语省略的实际意义,在编译的时候也要尽量去靠近这种表达方式。不然就很容易造成文化上的冲突,影响交际的效果。与此同时,由于谓语省略现象也具有几大种类,因此要分门别类,掌握各种类型在表达方式和句子结构上的差异,使自己编译的日语新闻更加符合日本人的阅读习惯。[4]

第五节　日语社会新闻的编译策略

一、标题的编译

标题编译是新闻编译的一大难点。在编译日语新闻标题的时候,至少要注意以下几个问题。首先按照功能目的论的指导,新闻编译的第一要务,就是以"信"为前提,尽可能将信息真实、快捷地传达给目的语读者。为了达到准确传输原文信息的目的,译者不应过分拘泥于原文语言的表面形式,而要在准确传输原文的基础之上,适时改变其语言形式,以目的语的独特结构进行编译。其次,中日新闻标题之间有很大的差异,比如完整性不同、主要词汇构成不同、标点符号运用不同。另外,新闻标题还必须简明扼要,发挥概括全文内容、吸引读者注意的功能。基于这些考虑,在翻译新闻标题时也应采取灵活的翻译方法。尽量避免直译,而采用意译法。如通过增译或减译,转换句式,将被动

句变成主动句、疑问句变成陈述句、陈述句变成疑问句、名词词组转变成主谓句等方法都是不错的选择。当然也有些中文新闻标题内容比较直接简单,句法完整,这时也可采用直译法。如下编译实例:

例5

低碳消费与环境外交

「エコ買い」と環境外交

例6

世界金融格局重新洗牌

世界金融再編

例5和例6这样的标题全由名词构成,简洁明了,所以我们编译时不用做较大改动,直译即可。另外功能派体系强调译者要关注翻译行为本身所涉及的参与者即原文作者、原文读者、译者、译文读者之间的互动关系。所以在编译时充分考虑到日本读者的接受性,分别将其译为:「エコ買い」と環境外交;世界金融再編。其中并没有拘泥原词的表面意思,而把"低碳消费"翻译成「エコ買い」,结合了日本当下热词,能让日本读者感同身受,更加容易理解;把"重新洗牌"编译成「再編」,也是简洁明了。

中文新闻中经常会出现一些涉及人名、地名、职务、组织、协会等的专业名词,编译这些名词时,基本采用直译法,但编译时还要注意在日语新闻的表达习惯上做一些细节上的改动,以达到新闻传播的目的。

例7

加藤英美里和福原香织的开球式

加藤英美里さんと福原香織さんの始球式

例8

游戏产业研究所社长铃木政博演讲

遊技産業研究所の鈴木政博社長が講演

例7日文增加了"さん"。日语新闻中在表示人名时通常都会加上"さん"表尊敬。但中文新闻的表达习惯并非如此。在知道性别或姓氏的情况下中文一般说某某女子、女士,男子、男士的形式,没有特别需要一般不加尊称"先生"或者"小姐"。

例8人物职位名称虽然采取直译方法,但中日表达顺序不同,中文是"职

务＋人名",日语是"人名＋职务"的顺序,因此编译时需要调整语序。

例9

送来急救的小野洋子并非脑中风 身体状况好转 27 日可出院

救急搬送されたオノヨーコさん、脳卒中ではなく体調回復:27 日にも退院の見通し

例10

三家银行否定涉嫌个人信息泄露相关部门进行调查

3 銀行が個人情報漏洩疑惑を否定　関連部門が調査

例9将"送"译成日文"搬送",与中文"搬送"同形异义,中文"搬运"的对象一般是大件物体,不适于人,但日文"搬送"的对象可以是人。例10将"涉嫌"译成日文"疑惑",与中文"疑惑"同形异义,日文"疑惑"的意思是被怀疑暗里有不端行为、做了坏事或违反道德的事,是个贬义名词。而中文"疑惑"的意思是对人和事物有疑虑和困惑,疑惑的神情,不相信,有疑心,迷乱;困惑不解,犹豫不定,难以决断等,无论在意思还是感情色彩上都不相同。这一点在做编译时需格外注意。

二、正文的编译

在瞬息万变的信息化时代,报社每天从各通讯社及其他信息源获得各种消息,有限的报纸版面、有限的电子传媒的播出时间无法容纳浩瀚的新闻天地。如何把最具新闻价值内容以最快的速度传递给读者,成了各报纸编辑最关心且必须解决好的问题。这时,将原语新闻通过编译合并增删压缩加工就成了两全其美的解决办法。

不论是新闻翻译的特点,还是意识形态或是读者需求,都决定了编译在新闻传播中有着不可或缺的作用。这就要求新闻编译者除了掌握过硬的翻译功夫外,还要熟悉编译技巧和方法。下面将对收集的平行文本进行调查分析,考察编译过程中译者所运用的各种编译方法。

(一) 删减

减译指从原文出发,根据逻辑、句法、修辞的需要删减一些不必要的词汇的译法。从对语料中删减情况的统计可以看出,整个段落的删减所占比例最大,其次是个别句子、词汇的删减。比对原文和编译文可以发现,一般是含有

次要信息或背景信息的段落被删减。

例 11

北京 61 岁副食店将关:顾客来找童年的味道　店主仍用算盘

2017 年 04 月 21 日　00:02　来源:中国新闻网

中新网北京 4 月 21 日电　(记者　宋宇晟)　从 1956 年开张至今,桃杨路副食店已经走过了 61 个年头。随着北京望坛地区棚户改造,这家老店即将关闭。中新网(微信公众号:cns2012)记者 20 日探访这家老副食店,不少北京市民也赶来见证老店"最后的时光"。

记者当日来到桃杨路副食店,店门外的这条胡同就叫作桃杨路,顺着这条路向西走上十几分钟,就是北京城的中轴线——永定门外大街。

曾经,这里是一家国营副食店,后来王老板一家将店承包了下来。

小店虽然看上去很普通,甚至还有些破旧的感觉,但从店里飘出的酱香会告诉路人,这是家有故事的小店。

如今在这里看店的王老板是个地道的北京人。他自认不愿意多干活,生活"够吃够喝得了"。

"过去我老坐店里待着,这几天报道出来就闲不住了,不少人来问,就得跟他们介绍。原先特别低调,我也不宣传,这也不怎么挣钱,就这么看着这个店。"

"要说这店里真是老北京的东西,也就是这个黄酱和芝麻酱了,这都是原味。别的东西其他超市里也有,就这两种酱,其他的咱也不瞎跟人家说。"他告诉记者。

来问的人多了,酱卖得也尤其快。上午,四桶芝麻酱就卖完了,王老板又叫人送来一大桶黄酱、四小桶芝麻酱。

临近中午,前来买东西的顾客开始多了起来,其中来买散装黄酱、芝麻酱的人占绝对多数。

从桶里舀酱、上台秤称重、用算盘算账,这一套动作,王老板几乎重复了一辈子。"这个店从上世纪 50 年代开始就这样子,一直也没装修过。秤、货架都是那个年代留下来的东西。我学徒时就干这个,所以这多少年了我也改不了。"

不少来买东西的顾客是专程赶来的。

杨女士慕名而来。她告诉记者，自己是看了此前的媒体报道，才从西四环专程赶过来买酱的。她一次就买了近十斤的黄酱。

30多岁的她不曾吃过散装黄酱，这次来是"准备给家里的老人带回去，看看是不是他们吃过的那种味道"。

王老板还给顾客介绍起炸黄酱的心得。"先煸煸肉，然后搁葱姜，开了锅之后用小火咕嘟着，再加水，等咕嘟出黄酱的香味了，基本就熟了。不炸酱的话你直接吃也行。这个酱不甜，是咸的，因为没有防腐剂，就指着盐了。"

也有人专程来拍摄。一位拿着单反相机的市民告诉记者，自己是专程来记录老店最后时光的。"老是拍这些老建筑没什么意思，想着是来拍拍这些老街坊的生活，再配上这老房子，就有味道了。"

更多顾客还是住在附近的老街坊。一位前来买黄酱的老人直言，多少年家里一直吃这家店的黄酱。"我们家吃这个最费了，每次吃完了就来他这买。"

"这都是熟悉的东西，以后就看不到了。来这就能想起小时候的味道，这种味道感觉这几十年间都没变过。我记得那时候就特别喜欢看老板舀酱。"另一位街坊告诉记者。（完）

61年続いた北京の食料品店が近く閉店　別れを惜しむ顧客たち
人民網日本語版　2017年04月22日　09：34

「桃楊路食料品店」は、1956年に開店してから現在に至るまで、61年間営業してきた。しかし、北京望壇バラック地区の改造作業に伴い、この古い店舗は間もなく閉店を余儀なくされる。多くの北京市民が同店を訪れ、その「最後の時間」に別れを惜しんでいる。中国新聞網が伝えた。

かつてこの店は、国営の食料品店だった。王さん一家が店を引き継ぎ、現在まで営業を続けている。

店は一見したところ、ごく普通の店舗で、どちらかと言えばオンボロでさびれた雰囲気だ。しかし、店内から漂ってくる味噌の香りは、同店が歩んできた長い歴史を道行く人に想像させる。

店主の王さんは生粋の北京人。彼は自分から多く語ることはなく、その暮らし向きは、「食べていくには十分」だったという。

「この店で、オールド北京を本当に象徴している商品といえば、素材の味が感じられるこの味噌とゴマだれだろう。他の商品はほかの店で買えるものばかりだ」と王さんは話した。

桶から味噌をすくい、はかりに載せて重さを量る。そろばんで帳簿をつける。これら一連の作業を王さんは来る日も来る日も繰り返してきた。「1950年代からずっと、この店の様子は変わっていない。改装は一度もしたことがない。はかりや商品棚は、当時のものを使っている」と王さんは説明した。

王さんの店の噂を聞きつけて来店した楊さん（女性）は、「以前、メディア報道でこの店のことを知り、西四環から味噌を買うためにわざわざやってきた」と話した。彼女はこの時、大豆味噌を約5キロも購入した。

30歳過ぎの楊さんはそれまで、量り売りの味噌を食べたことがなかったという。「高齢の家族のために買って帰り、彼らが昔食べたことがあるかどうか確かめたい」と楊さんは話した。

写真を撮る目的で王さんの店に来る人もいた。一眼レフカメラを携えて来店したある市民は、「長く続いたこの店の最後の時を記録するためにやって来た。いつも古びた店だけを撮影しても、取り立てて意味はない。ただ、このような古い街並みでの生活と、その生活が営まれてきた古い建物を撮影することには面白みがある」と語った。（編集KM）

「人民網日本語版」 2017年4月22日

编译时删减掉的多是一些背景介绍信息，保留和凸显了采访中受访者所说的话。这样更能突出原文的主题，让读者能够一目了然新闻中想要表达的主题，进一步突出了副食店将要关闭，人们对此惋惜不已的心情。

（二）调整文章顺序

例12

这账算过没？微信用户1年流量消费1587亿　你是多少

2017年04月18日　19：23　来源：中国新闻网

中新网北京4月18日电　（记者　程春雨）　中国信息通信研

究院产业与规划研究所近日发布一份报告显示，微信生态的逐步完善，资讯、文学、视频、音乐、游戏等内容的日益充实，提升了用户对流量使用的需求，激发了流量消费潜力。2016年微信带动的流量消费1 587亿元，同比增长26.6%，拉动行业流量消费超三分之一。

截至2016年12月，微信和WeChat的合并月活跃账户数达到8.89亿。调查显示，2016年微信用户平均好友数量达194人，是两年前的近2.4倍。近三分之二手机用户最常用的互联网应用是微信，超过50%的用户每天使用微信1.5小时以上。

据该份名为《2016微信社会经济影响力研究》的报告测算，2016年，微信拉动全社会信息消费达1 743亿元，同比增长26.2%，相当于2016年中国信息消费总规模的4.54%。主要包括流量消费与内容及服务消费两方面。而微信公众平台信息消费规模达56.3亿元，同比增长20.4%。

在信息消费之外，报告称，微信以其丰富多样的社交、平台及生态功能属性，连接影视、吃喝玩乐、打车、火车票机票、酒店旅游等多种消费场景，改变了用户消费习惯与模式，拓展了传统消费需求，提升了消费品质。经测算，在生活、娱乐、交通出行等方面，微信带动传统消费2 732亿元。

16年、微信のユーザーのパケット料金は2兆5 392億円

人民網日本語版　2017年04月20日　15：10

　　中国信息通信研究院産業・計画研究所が最近発表した「2016微信（Wechat）の社会経済への影響力研究」によると、微信はますます勢力を伸ばしており、情報、文学、動画、音楽、ゲームなどのコンテンツが日に日に充実している。そして、ユーザーのパケットの使用量が増え、パケット消費の潜在力が掘り起こされ、16年、ユーザーが微信の利用に使ったパケット料金は前年同期比26.6%増の1 587億元（約2兆5 392億円）に達し、業界のパケット消費の3分の1を占めた。中国新聞網が報じた。

　　16年12月の時点で、微信の中国国内外のアクティブユーザー数は8億8 900万人に達した。調査によると、16年、微信のユーザーの平均連絡先数は194件で、2年前の約2.4倍になった。約3分

の2の携帯ユーザーが最もよく使うアプリは微信で、ユーザーの50％以上が1日当たり微信を1.5時間以上使っている。

　　同報告の試算では、微信は16年、社会全体に前年同期比26.2％増となる1 743億元(約2兆7 888億円)の経済効果をもたらし、16年の中国の情報消費全体の4.54％を占めた。パケット消費とコンテンツ・サービスの消費がメインとなっている。微信の公式アカウントプラットフォームの情報消費の規模は、前年同期比20.4％増の56億3 000万元(約900億円)だった。

　　報告によると、情報消費の他、微信には多彩なプラットフォーム、機能、コンテンツがあり、映画・ドラマとのリンク、飲食・遊び情報、タクシー呼び出し、列車・飛行機のチケット購入、ホテル・旅行の予約などの場面で利用できる。そして、ユーザーの消費習慣やスタイルを変え、従来の消費のニーズを開拓し、消費のクオリティを向上させた。生活、娯楽、交通などの面で、微信は2 732億元(約4兆3 712億円)の経済効果をもたらしたと試算されている。(編集KN)

「人民網日本語版」2017年4月19日

　　在日文编译中,将该份名为《微信社会影响力研究》的报告预算提到文章的开头,使得文章主题更加醒目。

(三) 删减多余信息
例13
东京银座最大的商业设施"银座6"面向媒体记者开放

人民网—日本频道　2017年4月15日　10:13

　　人民网东京4月15日电　（许永新）14日,日本东京银座地区最大的商业设施"银座6"（GINZA SIX）面向媒体记者开放,记者们提前感受了一下"银座6"的风采。

　　"银座6"位于东京银座6丁目,占地1.4公顷,总使用面积约148 700平方米,横跨两个街区,在寸土寸金的银座地区属于超大型商业综合体。这里设有日本传统艺术基地"观世能乐堂";有作为银座窗口迎接日本国内外游客的旅游大巴车站以及旅游咨询处;有银

座面积最大的约 4 000 平方米的屋顶花园,可以观赏日本四季变化;有单层出租面积约为 6 140 平方米的东京都内最大规模写字楼,此外还设有防灾储备仓库。

"银座 6"的商业设施总面积约为 47 000 平方米,为该地区最大规模,有 241 个世界性品牌入驻,其中超过半数的 121 家店铺为旗舰店。由于银座受到世界瞩目,各家品牌希望在这里比其他地方更快更多地投入商品,提供最优质的服务。

"银座 6"的建筑设计也是独具特色的,都是聘请著名设计师和艺术家从事设计创作,这些设计师与艺术家们将日本本土元素与西方元素巧妙地结合到一起,让人耳目一新。如建筑物外观融合了日式房檐与日式门帘的元素,卖场通道不是设计成笔直的,而是模仿银座及京都等地蜿蜒曲折的胡同形式。日本著名艺术家草间弥生还专门制作了南瓜形状的艺术作品。

人民网记者走访了茑屋(TSUTAYA)书店、迪奥(Dior)专卖店、银座-极(KIWAMI)餐厅以及旅游咨询处。

茑屋书店里销售的图书以艺术类为主,一本江户时代著名画家喜多川歌麿的版画集引起了记者的兴趣。据工作人员介绍,这是现代匠人使用传统技法制作出来的,空白的地方使用金箔作为装饰,具有很高的收藏价值。

迪奥专卖店是继巴黎、首尔之后,全球第三家最大级别的专卖店,从地下一层到地上四层共有五个楼层,各种商品一应俱全。

银座-极餐厅是"银座 6"中最大的餐饮设施,这里有一处仅有 12 个座位的法式餐厅,一流厨师使用高档食材为客人提供最美味的佳肴。餐厅里还设有茶室,为客人进行茶艺表演。

在旅游咨询处,除了进行有关银座等旅游咨询之外,还与大型连锁便利店进行合作,能让游客买到独具日本特色的商品,此外这里还设有免税柜台,为外国游客提供免税服务。

東京銀座最大の商業施設「GINZA SIX」が報道陣に公開

人民網日本語版　2017 年 04 月 15 日　14:45

東京銀座最大の商業施設「GINZA SIX」が 14 日に、報道陣に公開。報道陣らが 20 日のオープンを前に、内覧した。人民網が報

じた。

「GINZA SIX」は、銀座6丁目の中央に位置し、施行区域面積は約1.4ヘクタール、延床面積は約14万8700平方メートル。2つの街区(銀座六丁目10番、11番)で構成され、土地が貴重な銀座では超大型の複合商業施設となる。伝統芸能の拠点「観世能楽堂」、日本国内外からの顧客を迎え入れる観光バス乗降所やツーリストサービスセンター、日本の四季の変化を鑑賞することができる約4000平方メートルの屋上庭園「GINZA SIX ガーデン」、都内で最大級となる1フロアの貸室面積が約6140平方メートルの大規模オフィス、さらに防災備蓄倉庫を備えている。

GINZA SIXは建築デザインも独創的で、有名なデザイナーやアーティストがデザインした。デザイナーやアーティストらは、日本の要素と西洋の要素をうまく融合させ、斬新な仕上がりになっている。例えば、外観はひさしとのれんをイメージしたデザインで、通路もまっすぐではなく、銀座や京都に残る路地をイメージして、雁行させたデザインになっている。また、前衛芸術家・草間彌生がGINZA SIXのために制作した新作インスタレーション「南瓜」も展示されている。(編集 KN)

「人民網日本語版」2017年4月15日

在社会新闻中经常出现这类新鲜事物的报道,编译时应充分考虑针对不同的受众,做些改动。例13中文新闻的后半段有很多关于记者的后续走访记录,日文新闻中并未提及,做了删减。这是因为银座就在日本的东京,关于银座的后续报道对中国读者而言是新鲜的、有吸引力的信息,而对于生活在那里的日本读者来说是陈旧的、多余的信息。不同国家读者文化背景不同,对信息的需求不同,这就要求编译社会新闻时根据读者需求,无论是在语言表达上,还是在信息取舍上都要下一番功夫。

参考文献

[1] 程维.跨文化传播视野下的新闻编译——以《参考消息》防控甲流的几则新闻稿为例[J].上海翻译,2010(3).
[2] 田传茂.编译方法研究[J].哈尔滨学院学报,2006(4).

[3] 孟瑞娟. 日语新闻标题的结构分析[D]. 黑龙江大学,2013.

[4] 任家韬. 关于日语新闻标题中的省略[J]. 日语教学与日本研究,2014.

[5] 谢新云,戈玲玲. 功能翻译理论和新闻编译研究[J]. 内蒙古农业大学学报,2008.

* * *

练 习

请将下列中文编译成日文。

练习 1

北京地铁 17 号线正式开建　有望 2020 年开通

2017 年 04 月 20 日　07:35　来源:北京晨报　曹晶瑞

贯穿南北的地铁 17 号线将穿越昌平、朝阳、东城、通州 4 个区,昨日,北京晨报记者从北京市政路桥市政集团了解到,地铁 17 号线通州区内的次渠站及两个区间开始进行地下连续墙施工,成为地铁 17 号线同期招标第一个实体开工的站点,为 17 号线全线 2017 年实质性开工拉开序幕。

贯穿南北的地铁 17 号线总体呈"L"形,穿越昌平、朝阳、东城、通州 4 个区,连接昌平未来科技城和亦庄新城,中间又途经天通苑、望京、太阳宫、潘家园等人口密集的城市居住区,是北京市轨道交通网络中一条重要骨干线路。线路总长约 49.7 公里,设车站 20 座,10 座换乘站中 7 座可与既有地铁线实现换乘,是北京地铁换乘比例最高的线路之一。

据北京市政路桥市政集团相关负责人介绍,北京地铁 17 号线 18 标已正式开工建设,昨日开始进行地下连续墙施工。"18 标位于通州区,包括 1 站 2 区间,分别为四线明挖段至次渠站区间、次渠站、次渠站至次渠北站区间,全长约 1921.9 米,主要工法为明挖、暗挖、盾构。其中,新建次渠站与既有亦庄线次渠站十字换乘,所处地层地质条件复杂,施工风险高,承压水下粉细砂层零距离下穿既有车站亦庄线次渠站非降水暗挖隧道,施工难度大。"该负责人称。

根据计划,17 号线有望在 2020 年开通运营。开通后,将带动亦庄新城、堡头工业区、朝阳港、CBD 及未来科技城等区域的产业发展,并惠及潘家园、太阳宫、望京西、天通苑等沿线居住区的近百万居民。

(责编:王政淇、崔东)

练习 2

自律的人才能长寿

2017 - 04 - 21　17:07　生命时报

明知要早睡,却忍不住熬夜追剧;明知酗酒伤肝,却挡不住劝酒的人;明知健身有益,却一步都懒得走……生活中,很多人并不缺少健康常识,更多缺的是种自律精神。通俗点说,就是管不住自己。但英国伦敦大学学院最新研究指出,自律性强的人才能拥有更多健康优势。

自律的人健康又乐观

这项发表在《美国国家科学院院刊》的研究指出,自律性强的老人,血液中的胆固醇和 C 反应蛋白(与炎症相关)水平低,腰围更小,代谢性疾病和心血管疾病的发病率更低,社交方面也有更多优势。美国加州大学的研究也指出,自律的人能抗拒酒精等诱惑,比生活散漫的人多活 4 年。

美国专栏作家史蒂夫对此深表同意。他说:"20 岁时,我的生活杂乱无章。睡眠时间是凌晨 4 点到下午 1 点,常吃快餐,不爱运动,每天过得浑浑噩噩。"所幸,经过 14 年的点滴改变,史蒂夫养成了规律生活的习惯。如今,他每天 5 点起床,对照便笺上的每日计划去行动;每周拿出 6 天时间来锻炼;新鲜蔬菜是餐桌上必不可少的美食。自律带给他健康和乐观的生活。

中国科学院心理研究所研究员张侃说,自律是个人根据自我和环境等状态,选择与自己最匹配生活方式的一种能力,并能控制自己的欲望,获得更大的身心享受。我们可以根据情绪控制、自我认识等心理测评,来判断自己是否拥有自律能力。史蒂夫则指出,每个人都可以思考这样几个问题:我每天都在同一时间起床吗? 家里井井有条吗? 会出于健康考虑来选择食物吗? 回答的"是"越多,自律性越强。

不自律的"三字经"

张侃说,人们很难培养自律的生活习惯,原因有二:一是在青少年期没有培养起健康意识与行为;二是成年后没有确定明确的健康目标。复旦大学上海医学院教授、中华医学会全科医学分会名誉主任委员杨秉辉说,很多慢病患者自律性差,可以用一套"三字经"来概括。

服药乱。很多慢病患者存在忘记吃药、随便补服、骤然停药等不合理用药行为。世界卫生组织的报告显示,全球按时服药率仅为 50%。不按时服药会使病情恶化,治疗费用更高,还会带来更多痛苦。

不运动。研究显示,在开始一项运动后 3 个月,就有约 50% 的人放弃。

英国麦克米兰癌症援助中心发现,缺乏运动减寿 3～5 年,更易患癌症、心脏病、中风等疾病。

不忌口。慢病患者应注重饮食规律,遵循少盐少油、多吃蔬果、合理膳食等原则。但一些人难以改变多年养成的不健康饮食习惯,外出就餐更难管住嘴。大鱼大肉、暴饮暴食、不爱吃菜等会导致"三高"、尿酸升高、骨质疏松等。

常熬夜。《生命时报》一项调查显示,40.77％的晚睡者是习惯使然。晚上是身体"排毒"、大脑"重启"的黄金时段。慢病患者常熬夜,会加剧内分泌和神经递质水平失调,致使病情恶化。

不听话。人人都知道,吸烟、酗酒是多种慢病、癌症的高危因素,医生也把"戒烟限酒"的告诫挂在嘴边,但真正把这些放在心上并做出调整的人并不多。不少人振振有词:"人各有命,不可强求""某人烟酒不离手,也能活到九十九",令人哭笑不得。

不复查。慢病患者需长期监测血糖、尿酸、血压等指标,定期复查能减少疾病恶化几率。但很多人在症状缓解后,复查是"三天打鱼,两天晒网"。一项针对急性脑血管病出院患者的调查显示,仅有 17.52％的人能做到规范复诊。

"四步走"养成自律人生

自律让生活更阳光、身体更健康,可以去做更多自己想做的事。可以说,自律让你自由。杨秉辉指出,培养自律能力,先要提高"健商",通过正规渠道充分学习健康知识,才能践行规律、健康的生活。之后要克服惰性。每个人是自己健康的第一责任人,要告别过去的不良习惯,就要管住嘴、迈开腿、听医嘱。

美国心理学家派克给出了一套训练自律性的方法,不妨用在培养健康习惯上。

第一,设定一个具体目标。以健身为例,你需要把目标具体化,比如:1. 早睡早起(晚上 10 点睡觉,早晨 6 点起床),做会锻炼;2. 睡前练瑜伽(晚上 9 点～10 点);3. 每坐 1 小时起身活动一下。第二,每天督促自己。设定目标时首先问自己:无论遇到多少困难,你都愿意坚持吗?目标定好后,让朋友、家人监督自己;或通过日记等形式监督自己去履行承诺。第三,找出自己的软肋,事先做好应对措施。比如在戒烟时,别人递烟给你,你抽还是不抽?自控力弱的人一定要选"无一例外"模式,即任何时候、场合都不再抽了。每次都直接拒绝对方,慢慢地就不再有人递烟给你了。第四,完成每个任务都要庆祝一下,作为一种达成目标的仪式,也是对所付出努力的一种自我肯定。

第七章　中日体育新闻的编译

随着体育界各种运动赛事的开展以及运动员间国际交流的加深,体育越来越受到人们的关注,并逐渐成为各国互相交流的手段之一。夏季奥林匹克运动会以及冬季奥林匹克运动会的每次开办都引起了全世界人民的关注。据数据显示,2016 年的里约奥运会有 207 个国家及地区参赛,超过 200 个国家或地区对赛事进行了报道和转播,根据国际奥委会最新公布的数据,在 2013 年至 2016 年这个奥运周期,奥运会的转播权收入达到了 41 亿美元,这个数字比上一个奥运周期增长了 7.1%。[1]

由此可见,体育运动对新闻媒体的依赖越来越强。随着国际化的进一步深入,各国媒体都开设了专栏大篇幅报道体育赛事,专栏内容涉及体育赛况、体育明星、场内外的各种焦点等。并且,随着互联网技术的迅猛发展,网络媒体已经成为体育新闻传播中的一支主力军。

我们可以预见,2020 年东京奥运会的开办必将再次掀起体育赛事报道的热潮。报道体育赛事,除了本国的新闻记者直接取材、进行报道之外,选取外国体育赛事的报道的精彩部分进行编译也是方法之一。

第一节　体育新闻的特点

在新时代背景下,体育新闻呈现了时效性、真实性、大众性、专业性、娱乐

性和情感性六种特点。

一、时效性

所谓时效性是指在最短时间内对所发生的新闻事件进行报道。这是新闻传播的一个基本原则。新闻的时效性是决定新闻价值的一个重要因素。这就要求媒体和记者在传播新闻事实的过程中争分夺秒,以最快的速度把新闻事实传播出去。

二、真实性

事实是新闻的源泉,真实是新闻的生命。《联合国国际新闻信条》第一条:"报业及其他新闻媒介的工作人员应尽一切努力,确保公众所接受的消息绝对准确,不能任意扭曲事实,也不可以故意删除任何重要的事实。"《中国新闻工作者职业道德准则》第四条:"维护新闻真实性。"体育新闻的真实性包括体育事实的真实性,构成体育新闻要素的时间、地点、人物等的真实性及赛事细节的真实性等。

三、大众性

体育新闻传播的大众性是指体育新闻传播面向大众的特点。体育运动本身就是一项大众性运动,如果没有大众的参与,体育运动就不可能发展。体育新闻传播也是这样,如果失去了广大受众,体育新闻传播也同样没有意义。

四、专业性

体育新闻的专业性不仅表现在对体育运动发展的自身规律与特性的认识,而且表现在对体育战术的发展趋势与格局对比的演化方向等的认识,以及做出客观、理性的判断并根据其新闻价值的大小加以报道。

五、娱乐性

体育新闻是以报道体育活动为主体,传播的内容本身就是一种休闲娱乐活动。它的休闲娱乐特征自然体现在它的报道内容之中。同时体育新闻还通过媒介手段向人们生动地传递体育活动的情景、体育活动的结果、体育活动中发生的各种有趣的人和事等。这进一步满足了人们对体育活动休闲娱乐的需

求,使体育新闻的休闲娱乐特征愈发明显。

六、情感性

　　体育运动竞赛是直接追求胜负、公开挑战极限、在规定的时间内能及时看到结果的运动形式,使人们在体育运动中可以强烈地体验到胜利后的狂喜、失败后的悲伤、战胜自我的自豪、意志软弱的羞愧。因此,体育运动本身就是一种高情感体验的运动形式。对这种高情感体验的运动活动进行报道的体育新闻,自然而然也就充满着高情感的色彩,尤其是在受众带着明显的地域性、倾向性观看体育新闻报道的时候,随着比赛的胜负,受众喜、怒、哀、乐的体验就更加鲜明和强烈。[3]

第二节　体育新闻编译主题的选择

　　选择好体育新闻的编译主题是编译人员做好体育新闻的第一步。编译人员在选题过程中,需要充分发挥自己的主体性,广泛搜罗选题,做好"把关",筛选信息,传播有助于分享编译人员观点的新闻。[4] 同时,编译人员也需要发挥自己的主观能动性,了解社会的潮流走向、读者的需要,选出读者阅读需要的主题。

　　大体上,编译人员在编译体育新闻时需要充分发挥自身的主体性和主观能动性,从与中国相关的大型赛事或集体赛事、体育明星、体育相关花絮这四个方面的主题出发,进行选题,以下将举例说明。

　　选择与中国相关,尤其偏向涉及中国运动员或者中国体育代表团传统优势项目赛事的主题。兵乓球、花样游泳等与中国相关的,尤其与中国传统优势项目相关的一些体育新闻是体育新闻编译主题的主要来源,选择这类主题既可以对外宣扬我国体育事业的强盛,又可以满足读者的阅读需求。

　　例 1

　　中国女乒横扫日本　实现亚锦赛女团六连冠

　　卓球アジア選手権:女子団体で中国が日本に勝利　「中日決戦」が恒例に

　　例 2

　　中国花游双人摘银　防日本追俄罗斯　该走自己风格

中国がシンクロデュエットで銀メダル獲得　日本を抑えロシアを目指す

一、优先选择大型赛事或集体项目的主题

运动会大项（游泳、田径等）或是集体项目（如篮球、足球等项目等）在世界范围内具有广泛的影响力，选择这类主题可以充分抓住读者的眼球。

例3

知耻后勇！中国女篮训练馆张贴日本队夺冠照片

中国女子バスケ、練習場に日本チームの写真貼って闘志メラメラ

例4

中国体操男团失利启示录

中国男子体操チームが日本チームの経験から教訓にできること

二、优先选择体育明星相关的主题

运动赛事中的体育明星吸引着人们的眼球，编译人员在编译体育新闻时也可以从这个方面选择主题。

例5

中日飞人之争未来可期，苏炳添领衔中国男子短跑不断取得突破

男子陸上短距離、中国と日本のガチンコ勝負時代突入

例6

中国女单遭遇无冠尴尬　日本乒乓球已破译"中国密码"？

卓球、陳夢が平野美宇にストレート負け、日本が中国を攻略?

三、选择与运动赛事相关的主题

运动场上场下发生的一些事件、花絮等也是人们关注的重点，这也是编译体育新闻的一个方向。

例7

亚冬会组委会证实中国代表团将入住札幌王子酒店

冬季アジア札幌大会、中国選手団の宿泊先を「プリンスホテル」に変更

例8

第八届亚冬会19日开幕，中国队将参加全部64个小项的比赛

第 8 回冬季アジア札幌大会が19 日に開幕、中国は64 種目に参加予定

第三节 体育新闻的编译策略

由于中日体育新闻在报道方向、政治立场和行文方式上有所不同,编译人员在新闻编译过程中受到各种因素的制约,因此译文对原文的忠诚已经不再是他们需要考虑的第一要素。译文在非本土环境中能否产生预期的传播效果,非本土的受众能否接受等问题成为编译人员考虑的重点。因此编译人员在把中国的体育新闻编译成日文版本时需要考虑一些编译策略,这些策略大体上可以分为词句上的改变和段落上的改变两个方面。

新闻的编译十分强调速度,新闻的时效性是决定新闻价值的重要因素。媒体和记者在传播新闻事实的过程中必须要争分夺秒,以最快的速度把新闻事实传播出去。在对源语文本正文进行编译时,编译人员经常会借用各种技巧,突破以句子为单位的翻译理念,以一句话中的一组词为一个单位,边阅读边分析边翻译,最大程度节约时间,以求尽早发稿。有时编译人员在保持原文语序、确保翻译速度中所做的一些调整会对原文的完整表达产生一些影响,出现意义重心略有偏移的情况。但是,这些调整不会影响新闻的真实性,仍在编译允许改动的范围之内。

一、词句上的编译策略

(一) 升华

例 9

中国女篮训练馆张贴日本队夺冠照片(标题)

練習場に日本チームの写真貼って闘志メラメラ

例 10

姑娘们只要稍微抬起头,便能感受到对手的注目。

選手たちはいつもそれを見て闘志を燃やしている。

例 9 是一则体育新闻的标题,客观描述了中国队张贴日本队夺冠照片的事实,编译人员在进行编译时,认为这个新闻标题的冲击力不够,在原标题的

基础上做了添加润色,加上了形容队员状态的"闘志メラメラ",通过活用拟态词,丰富了标题的内容、给标题加译润色,同时也增加了标题对读者的吸引力。例10是报道中的一句话,这句话客观地描述了运动员平时训练的场景,编译人员在编译时,把"便能感受到对手的注目"改编成了"闘志を燃やしている",使报道更有吸引力、更具画面感。

(二) 增删

例 11

中国男子体操队在里约奥运会体操男团决赛未能卫冕,折射出队伍现下存在的短板。而今届团体冠军日本队、亚军俄罗斯队的成功经验,未尝不是"他山之石"。

中国男子体操チームはリオ五輪体操男子団体決勝で銅メダルに終わった。北京、ロンドンに続いての連覇はならず、現チームの欠点が浮き彫りとなった。しかし今回優勝した日本チームの成功の経験を「他山の石」として教訓にしない手はないだろう。

例 12

面对"小鬼当家"的日本队,中国队派出了丁宁、刘诗雯、朱雨玲的最强阵容出战,以 3:0 战胜老对手日本队,实现亚锦赛女团六连冠。

劉詩■選手(■は雨かんむりに文)、丁寧選手、朱雨玲選手からなる中国代表チームが、平野美宇(みう)選手、伊藤美誠(みま)選手、早田ひな選手からなる日本代表チームを 3～0 で破り、同大会 6 連覇を決めた。

　　例 11 的日文编译版本与原文相比增加了"获得铜牌",以及"曾在北京、伦敦奥运会两次夺金"的信息。省去了"亚军俄罗斯队"这几个字,即省去了除中国队和日本队以外的其他国家的比赛结果,突出了新闻重点。例 12 中,"小鬼当家"在编译版本中被省略。"小鬼当家"这个词形容日本队都是新手,没有太多经验,略带有调侃意味,因考虑到日本受众的感受,编译时进行了删除。增加了日本队三名选手的姓名。

(三) 简化

例 13

札幌亚冬会组委会竞技一课课长山崎久睦当天接受新华社记者电话采访

时表示,亚冬会组委会于 6 日晚向中国奥委会发出了通知,应中方提出的入住 APA 酒店以外酒店的要求,将安排中国代表团入住官方指定的札幌王子酒店。他还表示,韩国代表团也将入住该酒店。

冬季アジア札幌大会組織委員会競技部の山崎久睦競技課長は新華社の電話取材に対して、「組織委員会は 6 日夜に中国の五輪委員会に連絡し、アパホテル以外のホテルに変更してほしいという中国側の要求に応えて、中国選手団がプリンスホテルに宿泊できるよう調整したことを伝えた。韓国選手団き同ホテルに宿泊する」と明りかにした。

原文中的"竞技一课"被直接被简化为了"競技部",从具体的信息简化成了模糊的信息。因为从读者的角度来讲,山崎久睦是竞技课第一课的课长这个信息并不重要,读者关心的是这位课长到底说了什么。所以在编译时,对一些信息进行简化、模糊处理是完全可行的。同理,将一些报道中的"反复强调"、"回首往事"等信息均会在不损害原文信息的基础上简化,目的是突出文章的重点,简化也是编译的一种策略。

例 14

中国队的"五虎将"内,仅有 27 岁的张成龙参加过奥运会,4 名"90 后"选手都是新兵蛋子。日本队刚好相反,除白井健三以外的 4 人均有奥运经验,27 岁的队长内村航平还是"三奥元老"。

中国チームの「五将」のうち、オリンピック経験があるのは張成龍選手(27)だけ。他の 4 人は全員今回が初のオリンピックとなる。一方、日本代表チームリーダーの内村航平(27)はもはや 3 大会に出場経験があるベテランだ。

在进行体育新闻的编译时,必要时还需要对一些具有中国特色的表达进行转换。因为这些表达蕴含着中国悠久的文化、典故和历史,若是直译外国读者是无法理解的。编译人员在遇到具有中国特色的表达时,为保持文本的通畅和易读,需要将其转换为该词所表达的最直接的意思。原文中的"五虎将"除了表示五位运动员之外,还暗含着五位运动员像老虎一般十分骁勇,是该赛场上的好手之意。如果在编译时直接将其翻译为"五虎将",日本的读者可能会不理解其背后的深意,因此在编译时编译人员直接将其翻译成了"五将",只

保留了这个词原本的意思。"新兵蛋子"是中国的俗语,指的是军队中刚刚入伍的新兵,用在这里则表示的是中国队的运动员是新手,若是直接照搬,日本读者可能会有一些误解,因此编译人员在进行编译时舍弃了俗语,转而用"初のオリンピック"直接道出了这个俗语背后的意思。"三奥元老"其实是"三次参加过奥运会的元老"的缩写,对应的是我国的成语"三朝元老",读者需要对我国的文化有一定的了解才能看懂这个词,直接翻译的话日本的读者必定不知道"三奥元老"到底是什么意思,编译人员在这里也把它转换为原本的意思了。

二、自然段上的编译策略

在对体育新闻进行编译时,有时需要对文章的结构进行调整。对源语文本进行改动时有两个标准:新闻价值和目标语读者的背景知识。[5] 其中,较为常见的改动之一就是自然段的调整方法。大致可以分为段落上的分段、合段和省略。

(一)分段

例 15

2 月 17 日,中国冬季运动健儿将启程奔赴日本札幌,参加 19 日在那里开幕的第八届亚洲冬季运动会。此次,中国体育代表团将参加全部 5 个大项、11 个分项、64 个小项的争夺,希望借本届亚冬会之机,检验 2018 年平昌冬奥会的备战水平,同时为 2022 年北京冬奥会锻炼队伍、积累经验。从往届成绩来看,中国队在亚洲范围内的主要对手是本届亚冬会东道主日本队、韩国队和哈萨克斯坦队。不出意外的话,这 4 支代表队将继续在奖牌榜上保持领先位置。

中国ウィンタースポーツのアスリートたちは19 日から開幕する第 8 回冬季アジア札幌大会に参加するため、17 日に日本の札幌に向けて出発する。人民日報が伝えた。

同大会で中国代表チームは5 競技、11 種別、64 種目に参加する予定。今回のアジア冬季競技大会を2018 年の平昌冬季オリンピックの前哨戦に位置付け準備を進めると共に、2022 年の北京冬季オリンピックのためにチームを鍛え、経験を積むことを目指す。

過去の成績を見ても、アジア地域における中国チームの主なライ
バルは今大会のホスト国である日本のほか、韓国とカザフスタン
が挙げられる。予想外の展開が生じない限り、今大会でもこの4ヶ
国の代表チームがメダル争いのトップの位置をキープし続けると
見られている。

原文报道不易读懂，或是一个段落中各种信息掺杂在一起，不够清晰明了
时，编译人员可以将原文中的信息重新排版、编辑，将一个段落拆分成为多个
段落。如例15中原作者只用了一个段落就把所有的信息都包含在内了，读者
在阅读时可能会抓不到重点。编译人员在对这篇文章进行编译时，特地把一
段拆成了两段，第一段先是介绍了本篇文章的主要内容，确定了主题和重点，
调整了文章结构，使读者一目了然。

（二）合段
例 16

当地时间8月8日，2016里约奥运会男子体操团体决赛在里约
奥林匹克体育馆进行，预赛第一的中国队决赛中未能延续好状态，最
终收获一枚铜牌。日本队获得本届奥运会男团冠军，俄罗斯队获得
亚军。
中新网里约热内卢8月9日电（记者 张素）中国男子体操队在
里约奥运会体操男团决赛未能卫冕，折射出队伍现下存在的短板。
而今届团体冠军日本队、亚军俄罗斯队的成功经验，未尝不是"他山
之石"。

中国男子体操チームはリオ五輪体操男子団体決勝で銅メダルに
終わった。北京、ロンドンに続いての連覇はならず、現チームの欠
点が浮き彫りとなった。しかし今回優勝した日本チームの成功の
経験を「他山の石」として教訓にしない手はないだろう。中国新聞
網が伝えた。

例 17
新华网东京8月14日电（记者 华义）第二届中日少年棒球友好

交流大会近日在东京举行了交流比赛,两国棒球少年切磋球技,增进了解。

　　来自北京金熊奥森青少年职业棒球俱乐部的 22 名小选手以及东京新宿区少年软式棒球联盟的小运动员们参加了本次活动,双方队员一起进行了热身训练以及混编比赛。

　　北京金熊奥森青少年職業棒球倶楽部に所属する選手 22 人がこのほど、新宿区少年軟式野球連盟の小学校低学年のメンバーらと、親善試合や合同練習などを行い、国際交流した。新華網が報じた。

　　当原文的叙述略显累赘时,编译中可以挑选多个段落中主要信息,合成一段。例 16 第一段"2016 里约奥运会男子体操团体决赛在里约奥林匹克体育馆进行,预赛第一的中国队决赛中未能延续好状态,最终收获一枚铜牌"和第二段"中国男子体操队在里约奥运会体操男团决赛未能卫冕,折射出队伍现下存在的短板"所述内容大致相同,原文叙述累赘,编译人员在对这两段进行编译时将重复累赘的叙述删除,两段合成了一段。例 17 的编译版在将两段合成一段后,内容也变得简练起来。

(三)省略
例 18
新主帅这样树目标——重夺亚洲冠军,进军 2020 奥运会

　　这支刚刚集结的中国女篮,还未正式开始自己的比赛周期,就肩负起摆脱低谷的重担。而作为曾经北京女篮的功勋教练,率队三度加冕联赛冠军的许利民,对这一周期的目标有清晰的认识。

　　他直言,短期目标是击败日本队,重新夺回亚洲冠军,终极目标是获得 2020 年东京奥运会入场券,并在奥运会上有所突破,带给中国篮球事业一些变化。

　　但他坦言,篮协新换了一届领导以后,中国篮球的发展方向还是未知数,女篮的准备周期也非常匆忙,他希望,力争在今年全运会前的这段时间把姑娘们组织起来,团结起来。"中国女篮过去几代人一律在亚洲登顶,现在可能短时间达不到,但可以通过努力,缩小差距,然后持平,最终超越。"许利民说。

アジアチャンピオンの座を奪還し東京五輪へ

　召集されたばかりの中国バスケットナショナルチームはまだ正式な試合の段階には入っていないものの、許監督は、「目先の目標は日本を倒して、アジアチャンピオンの座を奪回すること」と選手たちに発破をかけ、最終的な目標についても、「20年の東京五輪の出場権を得て、五輪で良い成績を収めて、中国のバスケット事業に変化をもたらしたい」と意気込んでいる。

　「中国の女子バスケットは数世代に渡ってアジアの頂点に立ってきた。今すぐにその座を奪還するのは難しいかもしれないが、努力を通して、差を縮めて追いつき、最後に追い越したい」と許監督は語った。

例 19

　日本的棒球运动十分流行,棒球在少年儿童中非常普及,通过参加此次活动,北京金熊奥森青少年职业棒球俱乐部的少年们纷纷表示,日本少年的棒球水平较高,和他们一起训练和比赛很有收获。

　北京金熊奥森青少年职业棒球俱乐部主教练王鹏表示,日本的少年从小就在极好的棒球氛围中学习,耳濡目染,棒球的基础训练很好,而且训练时间很多。而中国的孩子们每周只有约4个小时的训练时间。通过来日本交流学习,避免闭门造车,能够帮助孩子们快速提高棒球水平。他说现在越来越多的年轻家长觉得棒球很有意思,也愿意让孩子参加棒球运动。

　同倶楽部の王鵬監督は、「日本の野球少年は小さなころから良い雰囲気の中で野球を習っている。聞いたり、見たりできる情報が多いほど良い影響を受ける。野球の基礎練習もしっかりできており、練習時間も長い。一方、中国の子供たちの練習時間は1週間にわずか4時間。日本での交流を通して、自分たちの感覚だけで物事を行うことを避けられ、子供たちが早く野球が上達するようサポートすることができる。現在、野球はおもしろいと感じるようになり、子供に野球をさせる若い親が増えている」と話した。

例 20

　　国际乒联世界巡回赛在国际体坛上具有很高地位,而中国乒乓球公开赛则是国际乒联超级系列赛 6 站赛事中的一站,由于巡回赛积分同时也是奥运积分,所以向来为参赛者所重视。中国乒乓球公开赛在成都已连办了三届,由于在赛事筹备、接待能力、比赛服务方面,成都都达到了很高水准,去年获得了"国际乒联世界巡回赛最佳赛区"殊荣。

　　本次比赛将有 25 个国家和地区的 160 余名运动员、教练员和技术官员出席。中国队派出了包括张继科、马龙、许昕、樊振东、丁宁、刘诗雯、朱雨玲等全部主力,而世乒赛异军突起的日本队也派出了平野美宇、石川佳纯、丹羽孝希、张本智和等 70 多人的庞大团队,此外,波尔、奥恰洛夫等世界知名球员都将前来参赛。就参赛阵容而言,本次比赛绝对不输德国杜塞尔多夫世乒赛,而比赛的精彩程度也值得期待。

　　中国オープンには25の国や地域の選手、コーチ、技術審判など約160人が参加する。中国からは、張継科や馬龍、許■(■は日へんに斤)、樊振東、丁寧、劉詩■(■は雨の下に文)、朱雨玲などの主力が全員出場する。一方、世界選手権で躍進した日本も、平野美宇や石川佳純、丹羽孝希、張本智和など70人以上からなるチームを派遣するほか、ドイツのエアバッハやドミトリ・オフチャロフなど世界のトップレベルの選手も参戦する。参加する選手を見ても、今大会は5日にドイツのデュッセルドルフで閉幕したばかりの卓球世界選手権に全く見劣りせず、白熱した試合に期待が高まっている。

　　由于中日体育新闻在报道方向、政治立场上的不同,编译人员在把中文体育新闻编译为日本体育新闻时有时需要删除一些内容。例 18 的标题"新主帅这样树目标——重夺亚洲冠军,进军 2020 奥运会",编译版本为"アジアチャンピオンの座を奪還し東京五輪へ",编译人员删除了目标的提出者。因为日本读者不了解中国队的主帅,他们关注的重点在主帅提出的目标,因此编译者在编译过程中转换了视角,删除了目标的提出者。例 19 中的对日本棒球情况

的介绍在编译版本中也被删除,这是因为日本的读者对本国的棒球现状比中国读者了解得要多得多,没有必要在日文的编译版本中再将其介绍一遍,因此编译者在编译时删除了这段介绍。考虑到对于中国公开赛的现状简介和整篇文章没有太大关系,因此在编译时也做了省略。例 20 中编译者在编译时省略了国际乒联世界巡回赛成都赛区的背景介绍,直接介绍了参赛人员,删除了海外读者不感兴趣的信息。此外,例 18 中提及中国队现在正处于低谷的描述,在编译时也一概省略了。这是由于我们在编译体育新闻时,需要向外国读者宣传我国的正面形象,避免负面形象的过多描写,这也是我们在编译时需要注意的地方。

总　结

本章节从体育新闻的特点、体育新闻主题的选择以及体育新闻的编译策略三个方面出发,在相应的章节里阐述了翻译技巧以及常见的新闻编译方法,并结合人民网日文版新闻的翻译实例进行了理论分析,总结了相关技巧和方法。体育新闻有时效性、真实性、大众性、专业性、娱乐性、情感性六大特点,编译人员在编译过程中需要牢记这六个特点,编译出的报道需要符合这六个特点,才能是一篇合格的经过编译的体育新闻。在体育新闻主题的选择阶段,新闻编译人员应发挥译者的主体性,减小限制主观能动性发挥的因素的影响,学会利用社会变化与进步所带来的优势,甄选出目的语读者感兴趣的文本。新闻编译策略部分,词句上的编译策略中提出了升华、删除、简化和转换四种方法,段落上的编译策略中提出了分段、合段和省略三种编译方法,编译人员须灵活借用翻译活动中的一些翻译技巧,加快稿件编译的速度,并熟练掌握词句上的升华、删除、简化和转换,段落顺序的调整、删除等常见的新闻编译方法,为读者编译出合格的体育新闻稿件。

体育新闻编译要求编译人员熟练掌握相关的翻译理论、翻译技巧和新闻编译方法。同时,编译人员在编译体育新闻时,需要时刻牢记自己的服务对象是读者大众。由于中日体育新闻在报道方向、政治立场和行文方式上有所不同,编译人员在进行新闻编译工作时受到各种因素的制约,译文对原文的忠诚已经不是他们需要考虑的第一要素,译文在非本土环境中能否产生预期的传播效果,非本土的受众能否接受等问题成为编译人员考虑的重点。编译人员应该突破原本翻译中对忠实的要求的束缚,学会在源语文本的基础上进行重

写、再创作,更好地满足目标语读者的需求,达到新闻传播的目的。

最后,好的体育新闻报道的完成不仅需要掌握以上的编译技巧,编译人员自身的素质也在很大程度上决定了体育新闻编译的完成度。体育新闻编译人员的体育知识内涵必须要丰富,在注重生活中的积累的同时,也要注重理论学习。编译人员还要有扎实的翻译理论基础,熟练掌握常见的翻译技巧和新闻编译方法。只有拥有正确理论和方法的指导,才能有明确的方向,才能合理运用编译策略,才能译出好的作品。最后,编译人员需要具有快速而且准确的翻译能力。新闻的时效性和真实性要求译者以最快的速度准确地把新闻事实传播出去,编译体育新闻的工作人员需要高效率、高质量地完成稿件的编译。

参考文献

[1] 腾讯体育. 里约奥运会电视转播权收入 41 亿[EB/OL]. https://mini. eastday. com/a/160818150635310. html,2016 - 08 - 18/2017 - 10 - 8.

[2] 刘其中. 英汉新闻翻译[M]. 北京:清华大学出版社,2009(204).

[3] Bielsa Esperanca &Bassnett Susan. Translation in Global News[M]. New York: Routledge,2009.

[4] 郭子凯. 英语体育新闻的编译策略[J]. 北京第二外国语学院学报,2013(5):2 - 3.

[5] Baran, S. J. , and Davis, D. K. Mass communication theory: Foundations, ferment, and future (3rded.)[M]. Belmont, CA: Wadsworth/Thomason Learning, 2000.

＊　＊　＊

练　习

请将下列中文编译成日文。

练习 1

2016 在日中国企业协会—工行杯　乒乓球友谊赛东京成功举办

2016 年 09 月 25 日 09:40　来源:人民网—国际频道

人民网东京 9 月 25 日电(滕雪)"2016 在日中国企业协会—工行杯"乒乓球友谊赛当地时间 24 日在中国驻日本大使馆内成功举办。本次友谊赛由在日中国企业协会主办,中国工商银行东京分行冠名赞助,并得到了中国驻日

本大使馆的大力支持。来自在日中国企业、驻日媒体机构及驻日使馆的百余名中日乒乓球爱好者本着"友谊第一"的精神,通过竞技展示了精湛球技和在日华人团结拼搏的精神风貌。

练习2

中日飞人之争未来可期

2017－05－15　02:37:15　来源:北青网—北京青年报(北京)

苏炳添领衔中国男子短跑不断取得突破

继刘翔之后,国际田联钻石联赛上海站再次迎来了自己的明星。苏炳添前晚没有让众多世界名将喧宾夺主,第一次将上海站最闪亮的"百米钻石"留在中国。在他之后,谢震业在 200 米跑道上刷新全国纪录,意味着中国男子短跑后继有人。受到抢跑影响,上海百米大战未能出现中日主将对决的场面,展望 8 月的伦敦田径世锦赛,中国接力最大的劲敌之一仍是日本队。

上海站再现本土明星

自从刘翔退役后,上海站急需一个本土明星。如今,苏炳添做到了。

在苏炳添以 10 秒 09 的成绩率先飞过钻石联赛男子百米大战终点线后,上海八万人体育场里的呼啸声,不亚于当年刘翔夺冠的那一刻。

钻石联赛只向世界顶级田径选手发出邀请,本次百米大战也不例外,苏炳添仍能让钻石留在上海,可见实力不一般。

"我看到报道说,这次的比赛只有一个人没有跑进过 9 秒区,所以大家都是非常强的,我也对桐生祥秀有一些了解,知道他今年跑出了 10 秒 04 的成绩,应该说是非常厉害。"苏炳添说。

撞线后看到自己 10 秒 09 的成绩,苏炳添表示这超乎了预料:"赛前没想到会有这样的成绩。我预想自己在 10 秒 20 以内,但是自己发挥得好的话,也不知道能跑出多少。"

这本是苏炳添今年第一次参加正式室外大赛。苏炳添一直告诉自己,能跑出自己的节奏就好,"所以在 60 米的时候我还很清醒,调节了一下,才有后面的冲刺能力。相对于我平时的训练来说,这个成绩已经很好了。"

中国百米有了接班人

唯一让中国观众不满足的,是百米决赛中只有一个中国飞人。不过谢震业在随后的 200 米比赛中弥补了这个缺陷。在以 20 秒 40 打破全国纪录后,谢震业证明了自己是个合格的短跑接班人。

　　去年里约奥运会，谢震业跑出 10 秒 08，随即被冠以张培萌乃至苏炳添的接班人名号。不过这一次上海站，谢震业选择了 200 米。"我开始打算兼项，但看了赛程，两个项目间隔比较短，还是跑了 200 米，"谢震业想了想说，"其实我 200 米的天赋比 100 米要好一些。"

　　谢震业今年不仅跑过 100 米，还跑出了惊人的 9 秒 91。可惜当时的风速为 4 米/秒，未被正式纪录确认。"算是给了我一个 10 秒内节奏的预演，如果能够把这个节奏稳固下来的话，我希望可以成为跑到 9 秒区的选手之一。"谢震业说。

　　能不能成为接班人先放在一边，谢震业先要拿到 8 月的伦敦世锦赛的 100 米门票。"我今后会继续参加 100 米的比赛，争取突破伦敦世锦赛的 10 秒 12 参赛标准，成为中国下一个跑进 9 秒区的人。"他说。

中日接力有待正面交锋

　　这场上海钻石联赛，中日飞人的对决原本令人期待。但随着桐生祥秀被罚下，剑桥飞鸟和萨尼布朗也未能发挥水平。不过中国队教练认为，到了世锦赛上，日本接力仍是强敌。

　　此前苏炳添曾三度有机会和日本排名第一的桐生祥秀对决，但都擦肩而过。"意外被罚下让我无从施展，很遗憾我错过了和苏炳添一起完赛的机会。"桐生祥秀遗憾地说，"我们在世锦赛上再一较高下吧。"

　　中国短跑教练组也认为，到了伦敦世锦赛，中日将在百米接力项目上继续掰手腕。里约奥运会上日本接力拿到银牌，震惊了世界，也成为中国接力队的赶超对象。

　　苏炳添说："今年我的渴望更多一些，毕竟参加世锦赛是跑一次少一次了。希望可以再调整好一次，把握机会，提高成绩，带动中国的短跑发展。"

　　只是，接力不是一个人的项目，还需要有队友的良好配合。好在谢震业、梁竞生等新生力量慢慢顶了上来。苏炳添说："在一个新老交替过程当中，谢震业顶上了张培萌的那一棒。中国短跑就我们接力队几个人并不够，需要更多后备力量。如果我们的年轻队员们能够进步，相信中国短跑冲击好成绩的几率就会更高。"

练习3

中国女单遭遇无冠尴尬　日本乒乓球已破译"中国密码"？

2017－04－17　09:14:01　来源:解放日报　中国青年网

2017年乒乓球亚锦赛昨天落下帷幕。中国队在本届亚锦赛上共获得6项冠军,但女单冠军旁落。在日前举行的女单决赛中,中国选手陈梦以0比3遭日本17岁小将平野美宇横扫。平野美宇甚至放出豪言:"要争取夺得东京奥运会女团、女单两项冠军。"小姑娘何来底气,日本乒乓球的崛起究竟有什么秘密武器?

平野美宇已是中国队头号对手

平野美宇2000年4月14日出生,刚刚过完17岁生日。本届亚锦赛,她先是3比2逆转战胜大满贯选手丁宁,后又3比0横扫国乒主力朱雨玲,决赛又是一个3比0夺冠。上一次能够给中国乒乓带来如此大冲击的还是25年前的玄静和。此后,中国女乒除了在世锦赛上偶然负于"中国二队"新加坡之外,还从未有过如此大的惨败。

年纪虽轻,平野美宇却并非泛泛之辈。早在2014年的德国公开赛,平野美宇与伊藤美诚组成的日本萝莉组合就获得冠军。2016年10月的女乒世界杯,16岁的平野美宇一举夺冠,成为史上最年轻的世界冠军,打破中国选手的垄断。虽然那次比赛丁宁和刘诗雯都意外伤退,让平野美宇的这枚金牌含金量略微降低,但在16岁的小小年纪就取得如此骄人的战绩,已经给中国队敲响警钟。

最近一次,2016年12月在南非开普敦举行的世界乒乓球青年锦标赛上,由平野美宇和伊藤美诚领衔的日本队3比1力克中国队,历史上首次捧得了女子团体的冠军奖杯。这一史无前例的成绩,已经昭示日本小将虎视眈眈2020东京奥运会。

赛后,国乒女队主教练孔令辉在采访中承认,平野美宇现在已经是中国队的头号对手。他坦言:"她(平野美宇)比福原爱、冯天薇的威胁性还要大。"具体到女单决赛,孔令辉称:"陈梦几乎整场被压制,平野美宇在技术上看已经更先进。"

"低龄化"已经成为日本乒乓球的标签。在日本,乒乓球运动在青少年中非常普及,日本乒乓的"造星计划"为低龄选手的成长创造了条件。福原爱和石川佳纯当年小小年纪就背井离乡到中国"留学",她们都是"造星计划"的代表人物。日本乒协近年来大力引进中国教练,极大地提高了训练水平。例如,

伊藤美诚和平野美宇的主管教练都来自中国。去年,平野美宇参加了中国的乒超联赛,也得到了很大的提高。

用中国的方法打败中国队

前上海市乒羽中心主任段翔在接受本报记者独家采访时表示,速度、旋转、力量是乒乓球的三大核心要素,日本乒乓通过近二十年改革的战略推进,在技术风格上学习中国模式,走速度为先之路,取得了巨大的成功。

中国的近台快攻以快为主,形成中国队技术全面的优势,几十年长盛不衰,称霸世界乒坛。现在日本队复制了中国队的成功,甚至速度比中国队更快。日本队经过近二十年的潜心研究和训练,形成自己的弧圈型快攻系统。女子选手中,目前平野美宇的速度比大部分中国选手都快,只有刘诗雯的速度可以与之抗衡。

段翔认为,平野美宇能以两个3比0战胜中国选手,说明她在速度这一核心环节上占据明显优势。"如果没有速度环节的保证,以她们现在的力量和旋转,不可能如此轻松地赢得比赛。中国队的女子技术男性化是相当先进的,但一定程度损失了速度。国乒历年来的女选手中,李晓霞是三大要素最突出最均衡的选手,集成度最高。

这次亚锦赛,马龙和许昕分别输给韩日选手,爆出不小的冷门。段翔认为,马龙的实力仍是世界顶级的,输球存在一定的偶然性。许昕的直拍反手弱点,正在被国外选手研究并找到破解方法。国乒的技术发展是以速度占先为主,再揉进旋转和力量。现在日本队在速度上提高了一大截,对中国队形成实质性的威胁。一旦中国队适应了,日本队造成的冲击波威力会有所减弱。此外,中国队必须在速度上进一步提高,只有在速度上继续对日本队形成压制,才能继续占据上风。

国乒的"养狼计划",把对手培养成狼,这不能靠中国队一家来推动,还需要日本乒乓这样主动加强自己的"狼性"。从积极的角度来看,国乒输球并非是坏事。目前国乒正处于调整期,尽早发现问题、解决问题,也是鞭策国乒技术革新的动力。

(本报记者　秦东颖)

第八章 中日时政新闻的编译

第一节 时政新闻的概略

一、时政新闻的定义

日常生活中,我们会发现无论是报纸新闻,还是网络新闻,在报道的过程中,政治类题材的新闻往往占据着新闻版面的显著位置,是新闻报道的主要组成部分,对于传递党的指导思想及国家政策有着重要的媒介作用,是维护社会稳定、营造良好舆论氛围的重要保障。时政新闻的报道俨然已经成为人们了解国家大事,学习国家方针政策的重要途径,与人民的生活息息相关、紧密联系。所谓时政新闻是指国家政治生活中新近或正在发生的事实的报道。主要表现为政党、社会集团、社会势力在处理国家生活和国际关系方面的方针、政策和活动,是由政治关系在社会生活中的重要性决定的。具有时效性、政治性、广泛性等重要特征。

二、时政新闻的起源

时政新闻的产生和发展也伴随着整个新闻事业的发展史。时政新闻从历史上来看就在新闻事业中承担了极其重要的角色。说起时政新闻的先祖,不得不提到中国古代"邸报"。《中国近代报刊史》总结了自唐宋以来千余年的邸报内容,主要包括:皇帝的诏书、命令、和皇帝的起居言行;封建王朝的法令、公

报;皇室的动态;关于封建政府官员的升迁、罢黜、任免、赏罚、褒奖、贬斥等方面的消息;各级官僚的奏章疏表和皇帝的批语。简单来讲就是将皇帝的意识传达给各级官僚阶层。而当代的时政新闻的内容,具体来说包括:各级党政要员的会见、调研、慰问、现场办公、外出政务考察、招商引资、经贸洽谈等。这就说明了虽然现代的时政新闻事业与封建时代的封建主义新闻事业有着本质的区别,但以政治题材为主体的新闻报道活动的本质功能是一样的。中国作为社会主义国家,新闻传媒体制的建立必然具有中国特色。时政新闻的报道作为党政机关的咽喉,必将发挥着越来越重要的作用。

第二节　时政新闻的特性

一、时效性

在本书的前面几章已详细地介绍了新闻具有的时效性。我们从"时政"二字的"时"字,就可以发现新闻的该特点对于政治类题材的报道和编译显得尤为必要。美国联合通讯社(美联社)、英国路透社、法国新闻社(法新社)、日本共同通信社(共同社)、中国的新华通讯社(新华社)等通讯社分布于世界的各个国家和地区,都力争第一时间将世界各国发生的重大政治事件报道给读者。

例 1

习近平主持"一带一路"国际合作高峰论坛圆桌峰会并致辞

新华社 2017 年 05 月 15 日 18:03

習近平主席、「一帯一路」国際協力サミットフォーラム円卓サミットを主宰し、式辞を述べた

新華網　2017 - 05 - 15 19:34:36

"一带一路"建设,充分依靠中国与有关国家既有的多边机制,积极发展与沿线国家的经济合作伙伴关系,共同打造政治互信、经济融合、文化包容的利益共同体、命运共同体和责任共同体,是惠及众多国家的一项世纪工程。高峰论坛在北京的召开,无疑是中国乃至全世界范围内的一件大事。因而新闻编译工作者在编译的过程中必须要讲究时效性,以最快的速度让译语国家的读者了解到相关信息。此篇译文作者在中文发表 1.5 个小时后就编译出了日语文章,很好地展现出时政新闻所追求的一个"时"字。因此,对于编译人员来说

编译的过程要讲究一个"快"字。

二、政治性

相比较体育、娱乐、科技等题材,时政新闻的编译则有着很浓厚的政治意识形态特性。由于新闻媒体处于特定的社会、经济、政治与文化情境中,所采写的报道不可避免会打上政治意识形态的烙印。"从新闻话题的选取、立场的选择、人物话语的引用,到文体的风格等,新闻话语的方方面面都体现出媒体的倾向性"。

例 2

外交部:中方要求欧盟停止干涉港澳事务

新华社 2017 年 4 月 27 日 19:15:01

耿爽表示,港澳回归以来,"一国两制"实践取得巨大成功,宪法和基本法规定的特别行政区制度有效运行,香港、澳门保持繁荣稳定,这一事实有目共睹。中国政府坚持"一国两制"、"港人治港"、"澳人治澳"、高度自治的决心坚定不移,不会变、不动摇。

外交部、中国側は欧州連合が香港とマカオ事務への干涉を停止するよう要求

新華網 2017 - 04 - 28 10:57

耿爽報道官は、次のように述べた。香港とマカオが復帰してから、「一国二制度」の実践は大きな成功を収めた。憲法と基本法が規定した特別行政区制度は有効的に運行し、香港とマカオが繁栄・安定 を保ってるという事実は誰の目にも明らかである。中国政府が「一国二制度」、「香港人による香港の管理」、「マカオ人によるマカオの管理」、高度な自治を堅持する決心は変わることはなく、揺るぐことはない。

港澳回归以来,坚持在党中央的领导下,实行"一国两制"的政策,实现了繁荣稳定的发展。中国政府坚持"港人治港"、"澳人治澳"高度自治的决心不动摇。坚决反对相关国家、组织干预港澳事务,干预中国内政。该篇新闻报道的选择与编译,就展现了强烈的国家意志,宣扬了国家主权和政府政策。

三、广泛性

时政新闻作为人民群众了解国家大事的窗口,具有鲜明的广泛性。在新

闻的报道中,涵盖多方面的题材与内容,从党的重大决策的制定、重大会议的举办,以及政府工作报告的推行等,多方面全方位地介绍了国家党政工作的开展。着力体现中国共产党的强有力的领导,以及人民政府全心全意为人民服务的工作作风。时政新闻的报道,不仅有国内的新闻,还包括国际社会所发生的重大政治事件。无论是与我国相毗邻的亚太地区,还是西欧、北美的重大事件,都是时政新闻报道的重要对象。

例 3

党的十九大今日上午开幕

第 19 回党大会開幕　国内外の報道陣が注目

例 4

李克强向第三届中国一中欧国家文化合作部长论坛致贺信

李克強総理「中欧関係の発展に生気と活力注入」

例 5

安倍晋三再次当选日本首相

安倍晋三首相が第 98 代首相となり新内閣を組閣　日本

例 6

美国 F - 35A 战机部署亚太是何用意

米 F35Aアジア太平洋初配備の意図

例 7

英国首相特雷莎·梅　今起对我国进行正式访问

メイ英首相が中国公式訪問

第三节　正文的编译

一、消息源使用的标注

　　所谓编译,就是编译人员将原文进行编辑、翻译的过程。因而,在编辑出的稿件中必须要严格地标注出该稿件的原文出处。一方面这是出于对原文稿件的知识产权的尊重,另一方面也便于读者去考证与查阅。

例 8

警惕日本用纳粹思想为民众"洗脑"

2017 - 04 - 21 10:29　来源:解放军报　作者:外交学院周永生

　　最近,日本政府的教育政策出现了急进修改的倾向。先是允许明治天皇颁布的《教育敕语》进入中小学,后是中学课程当中加入了拼刺刀的内容,最近的动作则是允许希特勒自传《我的奋斗》作为教材的内容,以"让学生理解当时的时代背景"。

　　日本政府接二连三为法西斯主义教育内容开绿灯的举动,再次说明日本一些右翼政客要大开历史倒车、重走战争老路。

専門家「ナチス思想で民衆を洗脳する日本に警戒」

　　人民網日本語版　2017 年 04 月 21 日 13:38

　　最近、日本政府の教育政策には急進的見直し傾向が見られる。ファシズム的教育内容に続けざまにゴーサインを出す日本政府の行動は、日本の一部右翼政治屋が歴史を大きく逆行させ、かつての戦争の道を再び歩もうとしていることを改めて物語っている。
(文:周永生・外交学院国際関係研究所教授。解放軍報掲載)

　　此处列举的是由中文原稿编译成日文稿件的新闻。因而,在日文的编译稿中,不要忘记注明稿件的来源以及作者信息,如在文章末尾用括号标明(文:周永生・外交学院国际关系研究所教授。解放军报掲載)。当然也可以在文章的其他地方标注,总之要明确地标记出该篇报道的出处,这一点也是我们在进行新闻编译的时候需要注意的。

二、词语的标记方式

　　例 9

　　习近平指出,上海合作组织最高法院院长会议作为本组织重要的司法合作机制,为加强成员国法治建设理念和制度交流、深化各领域务实合作发挥了重要作用。

　　習近平主席は、「SCO 加盟国最高裁判所長官会議は、加盟国の法治建設理念や制度の交流を強化し、各分野の実務的協力を深化させるうえで重要な役割を果たす」と強調した。

　　例 10

　　新华社雅加达 5 月 7 日电 当地时间 5 月 7 日下午,国务院总理李克强在雅加达东盟秘书处出席中国—东盟建立战略伙伴关系 15 周年庆祝活动启动

仪式并发表主旨讲话。

　　李克強総理は現地時間 7 日午後、ジャカルタにある ASEAN 事務局で中国 ASEAN 戦略的パートナーシップ構築 15 周年祝賀行事の始動式に出席し、基調演説を行った。新華社が伝えた。

　　通过例 9、例 10，我们不难发现，在时政新闻报道过程中，例如国际组织机构的名称、政府间签订的合作贸易、政治条约等专有词汇的翻译上，中文往往会直接译其全称，而日文编译稿中，则大多用英文缩写来代替。在词语标记方式上，与日文相比，中文用语更偏向于把英文译成中文词汇，而日文则更国际化，比较乐于使用英语标记，中日文在表达上存在差异。

　　而这些专有词汇在时政新闻中出现的频率要远远高于其他题材的新闻报道。此处整理了一些常见的专有名词的中日对译。

日文	中文
UN　（国連）	联合国
UNSC　（安全保障理事会）	联合国安全理事会
UNICEF　（ユニセフ）	联合国儿童基金会
WFP　（国連世界食糧計画）	世界粮食计划署
WTO　（世界保健機構）	世界卫生组织
IMF　（国際通貨基金）	国际货币基金组织
UNESCO　（ユネスコ）	联合国教育、科学及文化组织
WTO　（世界貿易機関）	世界贸易组织
OPEC　（オペック）	石油输出国组织
IAEA　（国際原子力機関）	国际原子能机构
NATO　（北大西洋条約機構）	北大西洋公约组织
ICRC　（国際赤十字）	红十字国际委员会
ASEAN　（東南アジア諸国連会）	东南亚国家联盟
ADB　（アジア開発銀行）	亚洲开发银行
FTA　（中日韓自由貿易協定）	中日韩自贸区
RCEP　（東アジア地域包括的経済連携）	东亚经济共同体

三、新闻编译的方法

（一）忠实翻译

时政新闻是具有强烈的意识形态痕迹的信息，将中国重大时政新闻编译成日文时，有时必须将原文文本的内容忠实地翻译成日文，一字不落地编译过去，将有关中国的政策、思想、政治动态的新闻文本忠实地、原封不动地向世界传播。

例 11

期待"一带一路"新航程

《人民日报》2017 年 04 月 14 日 03 版

随着"一带一路"国际合作高峰论坛进入一个月倒计时，高峰论坛的筹备工作紧锣密鼓进行，国际社会对于高峰论坛的关注与期待日益升温。世界期待高峰论坛成为加强协调、深化对接、推进国际合作的有益平台，期待"一带一路"建设由此驶入新航程。

期待，源于共识。"一带一路"顺应时势，提出 3 年多来引起国际社会广泛响应。全球 100 多个国家和国际组织共同参与，40 多个国家和国际组织同中国签署合作协议，形成广泛国际合作共识。2016 年 11 月 17 日，"一带一路"倡议首次写入第七十一届联合国大会决议。今年 3 月 17 日，联合国安理会通过第 2344 号决议，首次载入"构建人类命运共同体"理念，呼吁通过"一带一路"建设等加强区域经济合作。当前，"一带一路"已成为迄今最受欢迎的国际公共产品，也是目前前景最好的国际合作平台。

期待，源于成效。"一带一路"倡议来自中国，但成果惠及世界。2016 年中国与"一带一路"沿线国家贸易额达 6.3 万亿元人民币，中国企业已在沿线 20 多个国家建立 56 个经贸合作区，累计投资超过 185 亿美元，为东道国增加了近 11 亿美元税收和 18 万个就业岗位。当前，中国同沿线国家经济走廊建设稳步推进，互联互通网络逐步成型，重要项目合作稳步实施，不断取得重要早期收获。亚投行、丝路基金的成立更是为各国金融合作提供了坚实支撑。

期待，源于信赖。英国牛津大学学者彼得·弗兰科潘在其著作《丝绸之路：一部全新的世界史》中指出："习近平主席在 2013 年提出的'一带一路'倡议以及中国为此做出的巨大投入，都充分表明中国在为未来着想。"在他看来，"一带一路"正在唤醒亚欧大陆乃至整个

太平洋沿岸,为人类开启了一个全新的未来世界。当前,面对增长乏力、投资和贸易低迷、反全球化思潮涌动、不确定因素增多等世界经济面临的多重难题,各国都在寻求新的发展机遇,寻找打破困境、解决问题的有效途径。通过"一带一路"建设,世界看到了中国同沿线国家分享发展机遇、实现共同繁荣的行动,期待以共商、共建、共享的中国方案合力冲散经济低迷的阴霾,为世界经济增长注入更多正能量。

法国政治家让·莫内曾说:"没有人,一切皆无可能,但是没有体制,一切不可持续。""一带一路"建设是一项着眼人类未来发展的宏伟历史工程,唯有完善体制、机制化建设才能确保其可持续发展。恰逢"一带一路"建设处在全面推进的关键节点时刻,举办高峰论坛顺应国际社会普遍需求,也将为"一带一路"沿线国家共商下一阶段重要合作举措,进一步推动各方加强发展战略对接提供契机,推动沿线国家进一步深化伙伴关系、实现联动发展。一个月后的北京,一场承载各方期待的历史性盛会即将拉开帷幕。中国将同各方一道,共商合作大计,共建合作平台,共享合作成果,为解决当前世界和区域经济面临的问题寻找方案,为实现联动式发展注入新能量,让"一带一路"建设更好造福各国人民。

「一帯一路」の新たな航程への期待
「人民網日本語版」2017 年 4 月 14 日

「一帯一路」国際協力サミットフォーラムは開催まで1カ月を切り、準備作業が順調に進み、国際社会の注目と期待も日増しに高まっている。サミットフォーラムが協調強化、連結深化、国際協力推進の有益な場となり、「一帯一路」建設が新たな航程に入ることを世界は期待している。(人民日報「鐘声」国際論評)

共通認識に基づく期待。「一帯一路」は時勢に順応したものであり、提唱後の3年余りで国際社会の広範な共鳴を呼んだ。世界の100余りの国や国際組織が参加し、40余りの国や国際組織が中国と協力協定に調印し、広範な国際協力の共通認識が形成された。2016年11月17日、第71回国連総会決議は「一帯一路」イニシアティブを初めて盛り込んだ。今年3月17日、国連安保理第2344号決議は「人類運命共同体の構築」という理念を初めて盛り込み、

「一帯一路」建設などを通じた地域経済協力の強化を呼びかけた。「一帯一路」はすでに最も歓迎される国際公共財、最も将来有望な国際協力プラットフォームとなっている。

　成果に基づく期待。「一帯一路」を提唱したのは中国だが、その成果の恩恵は世界に及ぶ。2016年に中国と「一帯一路」沿線国の貿易額は6兆3000億元に達した。中国企業はすでに沿線20数カ国に計56の経済貿易協力区を設け、累計投資額は185億ドルを超え、現地の税収を11億ドル近く増やし、18万人の雇用を創出した。現在、中国と沿線国は経済回廊建設を着実に進め、コネクティビティ網を徐々に整備し、重要協力事業を着実に実施し、重要な早期収穫を得続けている。アジアインフラ投資銀行（AIIB）とシルクロード基金は各国の金融協力の強固な支えとなっている。

　信頼に基づく期待。英オックスフォード大学の学者ピーター・フランコパン氏は著書『The Silk Roads: A New History of the World』で、「習近平主席が2013年に打ち出した『一帯一路』イニシアティブ及びそのための中国の大きな投資は、中国が未来を考えていることを十分に物語っている」と指摘した。フランコパン氏は「一帯一路」について、ユーラシア大陸さらには太平洋沿岸全体を覚醒させつつあり、人類に全く新たな未来の世界を切り開いたと見ている。成長力不足、投資・貿易の低迷、反グローバル化思想の台頭、不確定要素の増加といった世界経済の直面する幾重もの難題を前に、各国は新たな発展のチャンスを、苦境を打開し、問題を解決する有効な道を探し求めている。「一帯一路」建設を通じて、世界は沿線国と発展のチャンスを分かち合い、共同繁栄を実現する中国の行動を目にし、共に話し合い、共に建設し、共に享受する中国の案によって力を合わせて経済低迷の暗雲を払い、世界経済の成長にプラスのエネルギーをさらに多く注ぐことを期待している。

　「一帯一路」建設は人類の未来の発展に着眼した壮大な歴史的事業であり、体制・制度化の整備によって初めてその持続可能な発展が確保できる。「一帯一路」建設が全面的推進の肝要な節目にある中、サミットフォーラムの開催は国際社会の普遍的なニーズに沿ったものであり、「一帯一路」沿線国が次の段階の重要な協力措

置について共に話し合い、各国の発展戦略連結の強化をさらに推し進めるうえでの契機となり、沿線国のパートナーシップの一層の深化、連動式発展の実現を後押しする。

　　各国が期待を寄せる歴史的で盛大な会議が1カ月後、北京で開幕する。中国は各国と共に協力の大計を共に話し合い、協力のプラットフォームを共に建設し、協力の成果を共に享受し、世界と地域の経済が直面する問題の解決策を探り、連動式発展の実現に新たなエネルギーを注いで、「一帯一路」建設が各国の人々により良く幸福をもたらすようにする。

　　2013 年秋，习近平主席在对世界形势进行认真观察和思考后，郑重提出"一带一路"倡议。"一带一路"建设植根于丝绸之路的历史土壤，直面全球经济贸易低迷和发展鸿沟日益扩大的挑战，成果将由沿线各国共同分享。它的发起人是我们中国，在编译时一般不做删改，特别是编译中国倡议的政策方针的进展及其发展成果的时候，要原原本本、事无巨细的传达出原文所传达的所有内容，以便更好地向世界宣传社会主义中国想要造福周边国家经济发展，实现共同繁荣的伟大构想，展现中国作为一个负责任的大国形象。

（二）增补法
例 12
　　《习近平的七年知青岁月》选取系列访谈这样一个独特视角，通过讲述人的回忆，用真实的历史细节，讲述了习近平总书记当年"苦其心志、劳其筋骨、饿其体肤、空乏其身"的历练故事，再现了习近平总书记知青时期的艰苦生活和成长历程，展示了青年习近平矢志不渝的理想追求、爱国为民的家国情怀、勤奋好学的进取精神、求真务实的良好作风、吃苦耐劳的优秀品质。

　　彼らは自らの経験を通し、真実の歴史の詳細をもって、習近平総書記の当時の「苦其心志、労其筋骨、餓其体膚、空乏其身（其の精神を苦しませ、其の筋骨を疲労させ、其の肉体を餓えさせ、其の身を貧乏させる）」の経験を語り、習総書記の知識青年時代の苦難に満ちた生活と成長の過程を再現した。

　　中华文化博大精深，在新闻稿中往往会出现诗词典故。如果仅仅只是将名句佳作一一对应编译过去，势必不能引起目的语读者的兴趣，不能很好地传

达诗句的意思。因而在此时就需要采用增补法,添加一些必要的解释或说明,使其意思更好地被目的语读者所理解接受。

(三)删减法

新闻文本属于"信息"文本,其编译的焦点是将信息准确有效地传递给读者。由于译语读者与原文读者在文化背景、价值观和期待视野等方面存在差异,原文中的信息对译语读者来说并不都是必要的,其重要性也不尽相同。为了更好地实现编译文的交际功能,编译者必须从读者的兴趣和需要出发,对新闻内容进行删减调整。在观察了大量的新闻编译稿素材后,发现删减是最普遍的,也是使用最多的编译手段。

例 13

最近,日本政府的教育政策出现了急进修改的倾向。先是允许明治天皇颁布的《教育敕语》进入中小学,后是中学课程当中加入了拼刺刀的内容,最近的动作则是允许希特勒自传《我的奋斗》作为教材的内容,以"让学生理解当时的时代背景"。

日本政府接二连三为法西斯主义教育内容开绿灯的举动,再次说明日本一些右翼政客要大开历史倒车、重走战争老路。

最近、日本政府の教育政策には急進的見直し傾向が見られる。ファシズム的教育内容に続けざまにゴーサインを出す日本政府の行動は、日本の一部右翼政治屋が歴史を大きく逆行させ、かつての戦争の道を再び歩もうとしていることを改めて物語っている。

将例子中的第一段单独解析会发现,日文编译稿将中文稿的内容进行了删减,而中文稿中的被删除的部分正是对开头的第一句话中"日本政府出现的激进修改倾向"进行的解释说明。

例 14

中共中央政治局会议建议中国共产党第十九次
全国代表大会 10 月 18 日在北京召开
2017 年 08 月 31 日 18:00:59　来源:新华社

新华社北京 8 月 31 日电　中共中央政治局 8 月 31 日召开会议,研究中国共产党第十八届中央委员会第七次全体会议和中国共产党

第十九次全国代表大会筹备工作。中共中央总书记习近平主持会议。

会议决定,中国共产党第十八届中央委员会第七次全体会议于2017年10月11日在北京召开。中共中央政治局将向党的十八届七中全会建议,中国共产党第十九次全国代表大会于2017年10月18日在北京召开。

会议强调,中国共产党第十九次全国代表大会,是在全面建成小康社会决胜阶段、中国特色社会主义发展关键时期召开的一次十分重要的大会。大会将高举中国特色社会主义伟大旗帜,以马克思列宁主义、毛泽东思想、邓小平理论、"三个代表"重要思想、科学发展观为指导,贯彻习近平总书记系列重要讲话精神和党中央治国理政新理念新思想新战略,认真总结过去5年工作,回顾总结党的十八大以来以习近平同志为核心的党中央团结带领全党全国各族人民坚持和发展中国特色社会主义的历史进程和宝贵经验,深入分析当前国际国内形势,全面把握党和国家事业发展新要求和人民群众新期待,制定适应时代要求的行动纲领和大政方针,动员全党全国各族人民坚定中国特色社会主义道路自信、理论自信、制度自信、文化自信,继续统筹推进"五位一体"总体布局、协调推进"四个全面"战略布局,继续推进党的建设新的伟大工程,为决胜全面建成小康社会、努力开创中国特色社会主义新局面而团结奋斗。

大会将选举产生新一届中央委员会和中央纪律检查委员会。

会议指出,目前大会各项筹备工作进展顺利,要继续扎实做好大会筹备工作,确保大会胜利召开。

会议还研究了其他事项。

中国共产党第十九回全国代表大会は10月18日に北京で開催へ

発表時間 2017-08-31 19:53:52 | 新華網

新華網北京8月31日　中国共産党中央政治局は8月31日に会議を開き、中国共産党第十八期中央委員会第七回全体会議と中国共産党第十九回全国代表大会の準備活動を研究した。習近平中国共産党中央委員会総書記は大会を主宰した。

会議は中国共産党第十八期中央委員会第七回全体会議は2017年10月11日に北京で開催すると決めた。そして、中国共産党中

央政治局は党の第十八期中央委員会第七回全体会議に、中国共産党第十九回全国代表大会は2017年10月18日に北京で開催すると提議した。

大会は、新たな中央委員会と中央紀律検査委員会を選挙する。

（新華社より）

在日语编译的过程中删去了中文稿件的大部分内容。该稿主要是报道中共十九大的召开，主要目的是对该事件进行报道，而对会议中所提到的具体细节，如会议强调的内容、意义等细节部分进行了省略，言简意赅。

例 15

安倍修宪立场在国会遭在野党批判

新华社东京 11 月 20 日电 日本国会自 20 日起针对首相安倍晋三的施政演说内容进行为期 3 天的各党代表质询。质询首日，安倍即在修宪等问题上遭到在野党批判。

最大在野党立宪民主党党首枝野幸男当天在质询过程中表明该党态度，即坚决反对所谓的安全保障法制和行使集体自卫权。枝野说，如果允许上述违背立宪主义的做法，则不可能有真正的宪法讨论，首先应该做到认真遵守现有宪法。

安倍没有对此正面回应，只表示将直面严峻的安保现实，在宪法范围内完善和平安全法制，以全面应对所有事态。他还说，修宪将最终由国民投票决定，各党派意见和国会讨论有利于国民加深对这一问题的理解。

针对关于森友学园和加计学园丑闻的质询，安倍笼统地回应说，他先前已经做了公开说明。枝野会后告诉媒体，安倍面对质询顾左右而言他，对国民普遍关注的重要话题也只是回答"今后研究"或重复部分既定的政策方针。

安倍首相の改憲の立場を国会で野党が批判

日本の国会では20日から、安倍晋三首相の所信表明演説に対する3日間の各党代表質問が始まった。安倍首相は初日から憲法改正などの問題で野党の批判を浴びた。新華社が伝えた。

最大野党・立憲民主党の枝野幸男代表は、いわゆる安全保障法

制と集団的自衛権の行使に断固として反対する立場を表明。「立憲主義に反するこうしたやり方を認めるのなら、真っ当な憲法議論は不可能だ。まず、現行憲法を真剣に遵守すべきだ」と述べた。

　　此例中我们可以发现，编者在将中文报道编译成日文时进行了大量的删减。该报道主要是要传递安倍首相的修宪立场遭到在野党的批判这一核心信息。因而删除了首相个人丑闻的森友学园事件相关内容。这样的删减，也使得新闻的主题变得更加鲜明、突出。

例 16

英国首相特雷莎·梅　今起对我国进行正式访问

《 人民日报 》2018 年 01 月 31 日 03 版

　　应国务院总理李克强邀请，大不列颠及北爱尔兰联合王国首相特雷莎·梅将于 1 月 31 日至 2 月 2 日对中国进行正式访问并举行新一轮中英总理年度会晤。

　　特雷莎·梅 1956 年出生，毕业于牛津大学圣休学院地理学专业。特雷莎·梅于 1997 年当选英国保守党议会下院议员，1999 年起先后担任保守党影子内阁教育大臣、交通大臣、文化大臣等。2010 年 5 月至 2016 年 7 月，特雷莎·梅担任内政大臣，2016 年 7 月就任英国首相。

　　特雷莎·梅已婚，丈夫菲利普·梅。

メイ英首相が中国公式訪問

「人民網日本語版」2018 年 1 月 31 日

　英国のテリーザ・メイ首相が李克強総理の招待で1 月 31 日から2 月 2 日まで中国を公式訪問し、中英首相年次会談を行う。

　メイ氏は1956 年に生まれ、オックスフォード大学セント・ヒューズ・カレッジを卒業(地理学専攻)。1997 年に保守党から下院議員に当選し、1999 年以降保守党シャドウ・キャビネットの教育大臣、交通大臣、文化大臣を歴任した。2010 年 5 月から2016 年 7月まで内務大臣を務め、2016 年 7 月首相に就任した。

　　此例中，我们会发现有两处删减的痕迹。首先是标题的编译。中文里英

国首相的姓名齐全,而在日文中则只提到首相的姓"梅"。其次,中文稿的末尾提到了特蕾莎·梅的婚姻状况与配偶情况,而日文稿中则直接将这一细节部分删减掉了。为了应对两篇稿件的不同读者,根据中日两国的生活及阅读习惯,在新闻报道的编辑过程中也会做出相应的调整。虽然在日文稿件中删减了首相配偶相关信息,但并没有影响该篇新闻稿的"英国首相访华"这一主旨思想的传递。

例17

习近平集体会见上海合作组织成员国外长理事会会议外方代表团团长

2018年04月23日20:03　来源:新华社

新华社北京4月23日电(记者白洁)国家主席习近平23日在人民大会堂集体会见来华出席上海合作组织成员国外长理事会会议的俄罗斯外长拉夫罗夫、印度外长斯瓦拉杰、哈萨克斯坦外长阿布德拉赫曼诺夫、吉尔吉斯斯坦外长阿布德尔达耶夫、巴基斯坦外长阿西夫、塔吉克斯坦外长阿斯洛夫、乌兹别克斯坦外长卡米洛夫、上海合作组织秘书长阿利莫夫、上海合作组织地区反恐怖机构执委会主任瑟索耶夫。

习近平指出,上海合作组织成立近17年来,走过了不平凡的发展历程,成为具有广泛影响的综合性区域组织。成员国全面推进各领域合作,在国际和地区事务中积极发挥建设性作用,树立了相互尊重、公平正义、合作共赢的新型国际关系典范。当前,上海合作组织政治、经济、安全、人文、对外交往、机制建设六大领域合作稳步推进,整体合作水平不断提升。

习近平强调,中方一贯将推动上海合作组织发展作为外交优先方向之一。新形势下,我们一要不忘初心,坚定弘扬"上海精神";二要发挥优势,充分释放扩员潜力;三要开拓进取,锐意推进全面合作。中方愿同各成员国一道,政治上继续相互支持,贡献"上合智慧"和"上合方案";安全上维护地区安全稳定,提升协调水平和行动能力;经济上深化"一带一路"合作,逐步建立区域经济合作制度性安排;扩大人员往来和人文交流,促进民心相通。

习近平指出,一个多月后,上海合作组织成员国领导人将聚首中国青岛。相信在各方共同努力下,上海合作组织青岛峰会必将成功。

俄罗斯外长拉夫罗夫、吉尔吉斯斯坦外长阿布德尔达耶夫、印度

外长斯瓦拉杰、巴基斯坦外长阿西夫代表外方先后发言。他们表示，各国领导人高度重视并期待出席上海合作组织青岛峰会，积极评价中方作为主席国所做工作。扩员后的上海合作组织要坚持"上海精神"，并适应形势的发展，更加密切在国际和区域问题上的协调合作。各方支持中国为推动上海合作组织发展、加强成员国各领域合作所提出的积极倡议，愿同中方密切配合，共同做好青岛峰会各项筹备工作，确保峰会取得圆满成功。

中共中央政治局委员、中央外办主任杨洁篪，国务委员兼外交部长王毅等参加会见。

習近平主席が上海協力機構代表と会談
「人民網日本語版」2018 年 4 月 25 日

習近平国家主席は23 日、上海協力機構加盟国外相理事会会議出席のため訪中した外国側代表団の団長と人民大会堂で会談した。新華社が伝えた。

習主席は「上海協力機構は創設からの17 年近くで非凡な発展の道程を歩み、広範な影響力を持つ総合的な地域組織となった。加盟国は各分野の協力を全面的に推し進め、国際・地域問題で建設的役割を積極的に発揮し、相互尊重、公平・正義、協力・ウィンウィンという新型の国際関係の模範を確立した。現在、上海協力機構は政治、経済、安全、人的・文化、対外交流、制度建設の6 大分野で協力を着実に進め、全体的な協力水準を高め続けている」と指摘した。

「中国側は一貫して上海協力機構の発展推進を外交の優先的方向の1つとしている。新たな情勢の下、われわれは第1に初心を忘れず、『上海精神』を揺るがず発揚する必要がある。第2に優位性を発揮し、加盟国拡大の潜在力を十分に発揮する必要がある。第3に開拓・進取し、包括的協力を鋭意推進する必要がある。中国側は各加盟国と共に、政治面では引き続き支持し合い、『上海協力機構の知恵』と『上海協力機構の案』を貢献したい。安全面では地域の安全・安定を維持し、協調の水準と行動の能力を高めたい。経済面では『一帯一路』協力を深め、地域経済協力の制度的取り決め

を段階的に確立したい。人的往来と人的・文化的交流を拡大し、民心の通じ合いを促進したい」と強調した。

習主席は「1カ月余り後に上海協力機構加盟国の首脳が中国・青島に集まる。各国の互いの努力で、上海協力機構青島サミットは必ず成功すると信じる」と述べた。

该例中，编译人员在进行日文报道的过程中使用了删减法。对具体参加会议的国家以及人员进行了省略，简单地概括为"外国代表团"。这一删减突出了中国在该次会议当中的主导作用，更加简单鲜明的报道出主要内容。即：国家习近平会见了外国代表团。与此同时，在该篇报道的末尾处，也将中文稿的最后两段具体的细致报道进行了删除。对于日文受众来说，删减了这些细致内容并不对把握理解该篇报道的主题内容产生任何影响，反而使文章更加的简洁明了。

三、时政新闻编译的启示

（一）应对外媒本土化的挑战。国内媒体从事国际新闻编译，包括路透社、《华盛顿邮报》、《金融时报》在内的很多外媒都直接在微博上开设中文新闻账号。与此同时也出现了一些外媒的中文网站。不管是关心国际事务的普通读者，还是专业从事新闻工作的编译人员，我们都要在面对外媒报道时保持一种开放而谨慎的心态——既要在尽量多元的视角下去了解和读懂世界，也要在复杂多变的媒介世界中保持冷静，筛选出客观公正的报道为我所用。

（二）编译方式多样化。传播技术上，传统的单一文字形式的编译也在向信息图表编译、视频新闻编译拓展，为全媒体时代的新闻编译工作者们提出了新的课题。

（三）中国声音走出去。伴随着中国媒体报道国际事务能力的不断提升，有很多国际事件可以采用国内媒体的第一手消息。与此同时，人们也越来关注国际社会对中国的报道和看法，希望了解世界如何看待中国。在编译涉及中国的相关报道上，我们既不能被外国媒体牵着鼻子走，也不能完全无视国际社会对中国的意见。

参考文献

[1] 贾洪伟. 编译研究综述[J]. 上海翻译，2011(01).

[2] 唐文丽. 多维视角下的时政新闻编译方法研究[J]. 陕西教育（高教），2015(07).

[3] 张志成. 新闻编译特点研究——从新闻编译的跨学科属性讨论[J]. 新闻知识,2013(1).

[4] 汤俊丽. 日语新闻汉译研究报告[D]. 南京大学,2015.

[5] 陈锐. 新时期下时政新闻编辑需要注意的事项[J]. 传播与版权,2013(03).

[6] 刘其中. 英汉新闻编译[M]. 北京:清华大学出版社,2009.

[7] 马景秀. 协商与抵抗:文化身份视角的新闻编译策略[J]. 上海理工大学学报(社会科学版),2006(3).

[8] 张志成. 新闻编译特点研究——从新闻编译的跨学科属性讨论[J]. 新闻知识,2013(1).

* * *

练 习

请将下列中文编译成日文。

练习1

外交部发言人:赞赏韩方在历史问题上的表态

2017 年 12 月 14 日 20:02 来源:人民网—国际频道

人民网北京 12 月 14 日电(记者 万宇)在当天的例行记者会上,外交部发言人陆慷对韩国总统文在寅访华期间在多个场合就历史问题表态一事表示,赞赏文在寅总统代表韩国政府和韩国人民对中国人民展现的友好情谊。

有记者提问,13 日在开始对中国进行国事访问的第一天,韩国总统文在寅在多个场合提及历史问题,表示 12 月 13 日是南京大屠杀惨案发生 80 周年纪念日,韩国人民对中国人民遭受的苦难感同身受,他代表韩国人民表示哀悼,向许许多多心怀伤痛的人表示慰问。他还表示,韩中曾长期荣辱与共,共同抵御帝国主义侵略,共同反抗日本殖民统治。中国繁荣时,韩国也繁荣;中国受挫,韩国也受挫。东北亚地区应本着正视历史的态度,打开合作之门。此外还有报道说,韩国驻华大使卢英敏原计划赴机场迎接文在寅,但文在寅指示其前往南京参加南京大屠杀死难者国家公祭仪式。中方对文在寅上述表态有何评论?

陆慷说,中方赞赏文在寅总统代表韩国政府和韩国人民对中国人民表达的友好情谊。中韩两国是近邻,两国人民在反抗日本殖民侵略和赢得民族解放斗争中团结互助,也为世界反法西斯战争胜利做出了重要贡献。

陆慷表示,13 日中国隆重举行南京大屠杀死难者国家公祭仪式,深切缅怀南京大屠杀死难者和惨遭日本侵略者杀戮的所有死难同胞,缅怀为中国人民抗日战争胜利献出生命的革命先烈和民族英雄,也缅怀同中国人民携手抗

击日本侵略者献出生命的国际战士和国际友人。这个仪式宣示了中国人民铭记历史、缅怀先烈、珍爱和平、开创未来的坚定立场,庄严表达了中国人民走和平发展道路的崇高愿望。

他强调,正如全国政协俞正声主席昨天在讲话中明确指出,只有正确认识历史,才能更好开创未来。中韩两国都是二战受害国,两国人民都主张唯有正确认识历史,才能防止悲剧重演。"我们赞赏文在寅总统指派卢英敏大使参加南京大屠杀死难者国家公祭仪式,这不仅体现出对中国人民的友好感情,更反映了韩方对历史正义的坚守。中方愿与韩方一道,守护历史真相,承担起共同的责任与使命,共同维护地区的和平与稳定。"陆慷说。

练习2
李克强会见俄罗斯总理梅德韦杰夫
2017 - 12 - 03 08:29:27　来源:新华社　中国网

当地时间12月1日,国务院总理李克强在索契雷迪森会议中心会见俄罗斯总理梅德韦杰夫。

李克强表示,中俄高层交往密切,务实合作不断深化,成果惠及双方人民。前不久举行的两国总理第二十二次定期会晤达成许多新的重要合作共识。双方要深入对接发展战略,为中俄关系发展增添更多合作亮点。

李克强指出,在当前世界经济回暖、贸易回升的背景下,中俄双方要抓住机遇,促进贸易投资自由化便利化。更好发挥互补优势,继续推进能源、投资、航空、航天等战略性大项目合作,进一步拓展科技创新领域合作,激活中小企业和地方合作潜力,密切人文交流,促进中俄务实合作提质升级。继续发挥上合组织的平台作用,为共同构建地区命运共同体、促进世界的开放包容发展与持久和平贡献智慧和力量。

梅德韦杰夫表示,俄中保持频繁高层交往,务实合作不断取得进展。这充分表明,俄中全面战略协作伙伴关系处于高水平。俄方高兴看到本次上合组织总理会晤取得积极成果。俄方愿同中方共同推动俄中关系发展。

练习3
李克强主持召开国务院全体会议　讨论《政府工作报告(征求意见稿)》
2018年01月23日07:31　来源:人民网—人民日报

新华社北京1月22日电 1月22日上午,国务院总理李克强主持召开国

务院第八次全体会议,讨论拟提请十三届全国人大一次会议审议的政府工作报告,决定将《政府工作报告(征求意见稿)》发往各省(区、市)和中央国家机关有关部门、单位征求意见。

李克强指出,向全国人民代表大会报告工作,是国务院的法定职责,也是向人民上交答卷、汇聚各方发展共识的年度大考。要广泛听取社会各界意见,了解基层群众期盼,使政府工作报告充分体现推动高质量发展、深化改革开放、破解重大难题、更好造福人民的要求,促进政府工作不断改进提高。

李克强说,党的十八大以来,在以习近平同志为核心的党中央坚强领导下,面对极其严峻复杂的国内外形势,全国上下坚持稳中求进,努力攻坚克难,经济社会发展取得历史性成就、发生历史性变革,经济综合实力又上一个大台阶,经济结构和增长格局更加优化,全面深化改革取得重大突破,就业、脱贫攻坚等成为民生改善的突出亮点,成绩来之不易。尤其是过去一年,经济增长、财政收入、企业效益、新动能成长等很多方面都取得了超出预期的好成绩,实现了五年的圆满收官,为下一步发展打下了良好基础。

李克强强调,确保今年经济社会发展继续保持向好态势,政府工作艰巨繁重。必须全面深入贯彻党的十九大精神,以习近平新时代中国特色社会主义思想为指导,落实新发展理念,以供给侧结构性改革为主线,紧紧抓住难得的发展机遇,充分认识面临的各种挑战,统筹做好稳增长、促改革、调结构、惠民生、防风险各项工作,坚决打好防范化解重大风险、精准脱贫、污染防治三大攻坚战,在推动高质量发展中不断增强我国经济创新力和竞争力,在深化改革开放中不断增强市场活力和社会创造力,努力把群众关心的教育、医疗、养老、住房、环保等民生工作做得更好,不断增强人民的获得感幸福感安全感。

李克强说,工作要靠大家不畏艰难、真抓实干。国务院各部门和地方各级政府要保持良好精神状态,做到不松劲、不松懈,围绕党和国家中心工作,认真谋划、尽心履职,密切跟踪分析经济形势变化,高度重视苗头性倾向性问题,加强政策研究和储备。勇于担当出实招干实事,下好"先手棋",努力在新的一年干出更多新的业绩。还要加强农民工工资清欠,保障群众温暖过冬,做好节日市场供应,强化食品药品、生产和运输安全管理,切实安排好困难群众生活。

国务院副总理张高丽、刘延东、汪洋、马凯和国务委员杨晶、常万全、杨洁篪、郭声琨、王勇等国务院全体会议组成人员出席会议,有关部门、单位负责人列席会议。

参考答案

第三章

练习 1

運転代行産業が成長期に　受注 2 億件以上、月収 7 千元

人民網日本語版　2017 年 08 月 09 日 16：56

　清華大学法学院公法研究センターのチームが 8 日に発表した「運転代行産業発展白書」によると、過去 10 数年間のゆっくりとした創成期を経て、運転代行産業は今や成長期に突入した。飲酒運転が刑事罰になると認知されてきたこと、アルコール文化が身近なものとして盛んになってきたことにより、「飲酒したので運転代行を頼む」のが新たな消費習慣として急速に普及した。中国新聞網が伝えた。

　同白書によると、2016 年から現在までの間に、運転代行サービスのニーズと市場規模は急速に拡大した。16 年の全国の受注件数は 2 億 5 300 万件を超え、生産額は 154 億元（1 元は約 16．4 円）に達した。飲酒後が最も利用者の多い活用シーンで 97．8％を占め、このほか仕事で疲労して頼むケース、ビジネス上の送迎として、家族の送り迎えなどの活用シーンがある。

　「飲んだら運転するな、運転するなら飲むな」という考え方が深く浸透すると同時に、運転代行産業のバリューも顕在化している。試算によれば、運転代行産業により昨年の飲酒運転事故が 350 万件減少し、事故により刑事責任が課される人が 83 万人減少し、経済的損失 462 億元を回避できたという。

　同白書は、「淘宝（タオバオ）のオーナーやバイヤー運転手と同様、インターネットを介した運転代行産業も新型サービス産業に成長し、雇用を開拓

しただけでなく、さまざまな雇用形態を生み出した。運転代行の仕事は新た
に登場した労働空間になり、多くの世帯にとって主な収入源になった。専
業の運転手の全国平均月収は6 957元で、各地の平均水準を大幅に上回った
ほか、北京、上海、広州、深セン、杭州などの一線都市や二線都市では1万元
を超えた」と説明する。(編集 KS)

练习2

中国、外貨準備高が5カ月連続で増加
人民網日本語版　2017 年 07 月 08 日 14:30

　中国人民銀行(中央銀行)が公表した最新統計によると、今年 6 月末の時
点で、中国の外貨準備高は3 兆 568 億ドルと、5 月末と比べて32 億ドル増加
(0.11％増)したことが分かった。5カ月連続の増加となった。人民日報が
報じた。

　今年上半期、中国の越境資金流動や為替市場の需要・供給は基本的にバ
ランスの良い状態だった。人民元のレートは安定しており、外貨準備高は
今年初めの3 兆 105 億ドルから463 億ドル増加(1.5％増)となった。(編集
KN)

练习3

中米企業が農産品貿易契約に調印　50 億ドル
人民網日本語版　2017 年 07 月 15 日 14:09

　中国と米国の企業 20 数社が13 日、米国アイオワ州の州都デモインで契
約に調印し、中国企業が米国から大豆 1253 万トンと豚肉・牛肉 371 トンを
輸入することが決まった。輸入総額は50 億 1200 万ドル(約 5639 億円)に上
る。新華社が伝えた。

　契約調印式には両国の政府関係者、企業の代表など計 100 人近くが出席
した。在シカゴ中国総領事館の徐海・科技参賛があいさつし、「中米両国の
元首は今年 4 月の会談で中米経済協力の100 日計画をめぐり意見が一致し
た。このたび調印された農産品貿易契約は両国元首の会談の成果を具体化
する措置の一つだ」と述べた。

　徐科技参賛は、「中国で都市化が発展し、中所得層が拡大するにつれ、中国
の消費市場の規模は今後も拡大を続け、将来の米国企業による対中輸出に

は引き続き巨大な成長の潜在力があるとみられる」と述べた。(編集 KS)

第四章

練习 1

　　(1) 中国のハンセン病快復者村で支援活動を行う2人の日本人

　　(2) 日本の煎茶道と中国茶葉博物館の提携 20 周年:共通の文化を共に伝承

　　(3)「窓に咲く花——中国剪紙展」が東京の中国文化センターで開催

　　(4) 子供の声を「騒音」と見る無縁社会の日本

练习 2

　　中、日両国の剪紙界は数十年にわたって密接に交流、連携し、剪紙アートが対外文化交流において、対話的役割を果たし、世界が剪紙作品を通して、中国を知り、理解するよう促進してきた。展示会では、蔚県の中国国家級剪紙伝承人である周広さんや同県の省級剪紙伝承人である焦新徳さんが、日本の剪紙愛好者を対象に、剪紙体験プログラムを行った。

练习 3

　　日本人の人間関係における鉄則は「迷惑をかけてはいけない」。しかし、「自立」を強調しすぎるあまり、極端に走ってしまうこともある。10 年、NHKは「無縁社会～新たなつながりを求めて～」と題するドキュメントを放送した。「無縁」というのは、会社を基礎とする社会的なつながり「社縁」、親子・兄弟姉妹などの血のつながりを基礎としてつくられた社会的関係「血縁」、住む土地にもとづく縁故関係「地縁」がない状態だ。少子高齢化、失業、嫌婚、都市化などが無縁の原因だ。「無縁」の人は生きていても、仕事もなく、配偶者もおらず、子供もおらず、誰ともつながりがなく、帰る田舎もない。そして、死んでも、誰もそれを知らず、遺体を引き取る人もいない。そのような人が生活している社会は、「有縁社会」から、「無縁社会」へと少しずつ変化していく。統計によると、日本では毎年 3 万 2 000 人が「孤独死」しているという。

练习 4

　　現時点で、JIAの活動には約 2 000 人のボランティアが参加し、その会員は1 万人以上。これまでに1 万 9 千人が活動に参加した。JIAの活動が拡大するにつれ、社会上でもハンセン病快復者村に注目が集まるようになった。原田さんは、「もうダメと思った時は、いつも快復者村の快復者たちが励ましてくれた。その励ましがあったから、今まで続けることができた。『助けている』という気持ちが少しずつ『助けてもらっている』という気持ちに変わった。互いに助け合い、影響を与え合って初めて一緒にやり続けることができる」と語る。

练习 5

　　撮影のほか、微博に投稿し、ネットユーザーのコメントに返信するというのが、竹内さんの日課となっている。街中でB 級グルメの涼皮（麺料理）を食べる様子を自撮りしたり、最新のドキュメンタリーに関する「サプライズ」を発表したり、次回の内容に関する意見を募集したりと、竹内さんは微博を大いに活用している。

第五章

练习 1

中国が長征ロケットの海上打ち上げを開発、商業宇宙活動に助力

　　発表時間　2017 - 07 - 07　18 : 07 : 11　|新華網|　編集：王珊寧

　　新華網北京 7 月 7 日 （記者/白国龍）　国際的な商用ユーザーのニーズに合わせて、中国の長征ロケットは固体キャリアロケットに対応した海上打ち上げサービスを開発している。

　　6 日、中国航天科学技術グループ公司所属の中国長城工業グループ有限公司（略称「長城公司」）が開催した長征商業打ち上げユーザー大会で、長城公司の付志恒副総経理は次のように述べた。近年は、多数の赤道沿線地域に位置する国で、赤道近くの低傾角の衛星打ち上げに対するニーズがますます高まっている。このタイプの衛星の打ち上げは、赤道から近いほど、積載能力の損失が小さくなり、打ち上げコストが低くなる。このため、赤道近くの海上からのロケット打ち上げは、多くの宇宙強国が競い合って開発す

る打ち上げモデルとなっている。

　航天科学技術グループ一院宇航部の唐亜剛副部長は「海上打ち上げについて、中国は現在、明確な計画がある。」と述べ、また、海上打ち上げは技術的に困難ではなく、海上発射台は1万トン級の普通貨物船を改造できる。ロケットは発射設備への依存が少なく、現時点で技術が成熟した固体ロケットが採用されると述べた。

　近年は中国のハイテク技術の国際市場において、黄金の看板になっている長征ロケットが国際市場に自発的に参入し、国際競争に深く参与している。付志恒副総経理によると、現在は各機種の長征ロケットについて、国内外の顧客に商業打ち上げを累計60回提供している。このうち、搭載打ち上げサービスは14回に上り、高度な信頼性を誇る品質によって、国際商業宇宙市場で高い評判を得ている。

（新華社より）

練習2

「復興号」、中国の高速鉄道がトップを走る新たな征途を切り開く

　発表時間　2017-06-27　14:43:36　|新華網|　編集:陳辰

　新華網上海6月27日　（記者/周琳、賈遠琨）　中国標準動車組（新型高速列車）「復興号」が6月26日、京滬高速鉄道線で正式に双方向での初運行を開始した。「復興号」は中国鉄路総公司が先頭に立って研究開発し、完全に独自の知的財産権を持ち、その技術が世界のトップレベルに達しているという。これは中国の高速鉄道がトップを追いかける歴史に別れを告げ、トップレベルの地位へと進む新たな征途を示しており、更には中国人研究者の世界の科学技術強国になるという目標に向けた大きな一歩を意味する。

　「復興号」の投入は、中国の高速鉄道発展史を力強く描写する一幕だと言える。動車組の牽引・ブレーキ・ネットワーク制御のシステムにおける全面的な自主化を初めて実現させたことは、中国の高速鉄道がコア技術の全面的把握をすでに成し遂げたことになる。重要基準として定められた254項目のうち、84％が中国の基準に基づいている。

　「復興号」中国標準動車組の研究開発プロジェクトは、国家の重点支援プロジェクトであり、国家の「第12次5ヵ年規画」戦略的新興産業模範プロジェクトに組み入れられている。特に中国共産党第18回全国代表大会（「十八

大」)以来、一連の科学技術体制改革の取り組みが打ち出され、イノベーション・創造を制約する障害が力強く打ち破られて、中国の高速鉄道が自主イノベーションを実現するために良好な制度的環境が作り出されてきた。

(新華社より)

練習3

ハイテク活用の新しい「ソフトドリンク」体験

　　発表時間　2017－07－28　14：42　|人民網日本語版|　編集：YF

　「5分外出しただけで、2時間は汗が流れ続ける」というのは、耐え難い真夏日に人々がよく口にする冗談になっている。汗だらけになる天気の日に、ソフトドリンクはエアコンに次ぐ携帯型の「消火器」のようなものだと言える。科技日報が伝えた。

　国家統計局のデータによると、中国の昨年の一定規模以上のソフトドリンク生産企業の資産総額は、前年比4.98％増の4 839億2 900万元（1元は約16.45円）に達した。うちフルーツドリンク資産は10.07％増と、最も成長が著しかった。

　データは別の角度から、人々の心理を反映している。炭酸飲料やジュースなどを摂取すれば、高カロリーで肥満や糖尿病になりやすく、歯の健康を損ねることは知っての通りだが、水を飲むのはあまりにも味気ないという点だ。いかに健康的に水分補給するべきかという問題に、全世界が頭を悩ませている。そしてこの悩みが新技術を生んだ。「砂糖撲滅」を掲げるザ・ライトカップ社の創業者のアイザック・ラビCEOは、甘い飲料の新たなブームをけん引しようとしている。香りの出るカップでただの水をジュースと感じさせるように脳を騙すというものだ。

　ラビCEOは、発明したこのザ・ライトカップが、ただの水を「ジュース」に変える秘密を説明した。原理は単純だ。人間が味を感じるのは、嗅覚と味蕾の共同作用の結果だ。うち嗅覚は味の8割を担っている。そのため風邪で鼻が詰まると、食べ物の味がなくなったように感じる。

　ザ・ライトカップはこの原理を利用し、材質に果物の芳香剤を使用した。カップの縁には、特許を取得した甘み技術を採用。これを使って水を飲むと、果物の芳香剤と甘み技術により、舌に甘い感覚が生まれる。100％ただの水を飲んでも、脳はジュースを飲んでいると誤認する。

　　昨年4月、第1陣となる商品が世界各地に発売され、数万人がこの不思議な体験をした。現在、中国オンラインショッピングサイトの淘宝(タオバオ)でも278元で販売されている。

　　日用品市場研究専門家の楊菲氏は、「中国の飲料業界も成長率低下の新しい発展段階に入っており、差別化による競争が必要になっている。ハイテクを搭載したカップによって、ただの水を飲みたくない人でも、より多く健康的に飲むことができる。これはまた新産業、新ブランドを生み出すだろう」と指摘した。(編集YF)

(人民網より)

第六章

練習1

北京地下鉄17号線の建設スタート　2020年開業予定
人民網日本語版　2017年04月20日16:40

　　北京を南北に貫く地下鉄17号線は、昌平、朝陽、東城、通州の4区を通る。北京市政路橋市政集団は19日、通州区内の次渠駅および2つの区間での地中連続壁面工事がスタートし、17号線同時期入札募集による初の工事が始まった。17号線は、2017年に全線敷設工事が本格的に始まる見込み。北京晨報が伝えた。

　　北京の南北を貫く地下鉄17号線は、全体が「L」の形をしており、昌平、朝陽、東城、通州の4区を通り、昌平区の未来科技城と亦荘新城を結ぶ。また、沿線には、天通苑、望京、太陽宮、潘家園など人口が密集する市内居住エリアがあり、北京市軌道交通ネットワークにおける主要幹線地下鉄の一つとなる。17号線の総距離は約49.7キロメートル、計20駅が設けられ、乗換駅10駅のうち7駅で、現在運行中の地下鉄線との乗り換えが可能となり、北京地下鉄で乗換駅の割合が最も高いラインの一つとなる。

　　北京市政路橋市政集団の担当者は、次の通り紹介した。

　　「北京地下鉄17号線第18工事区間は正式に着工、19日から地中連続壁面の建設工事が始まっている。第18工事区間は、通州区にある1駅・2区間で構成されている。1駅とは次渠駅、2区間とは4線開削工法区間-次渠駅区間と次渠駅-次渠北駅区間のことで、全長約1921.9メートル。主要工

法は、開削(オープンカット)工法、沈埋工法、シールド工法(横から掘り進める方法)が採用されている。新たに建設される次渠駅は、現在運行中の亦庄線次渠駅とつながり乗換が可能となる。地層・地質条件が複雑で、施工リスクが高く、水圧がかかる細砂層との距離がほとんど皆無の状況で、現在運行中の亦荘線次渠駅と接続する、水漏れをシャットアウトした沈埋トンネルを建設する工事は、極めて難易度が高い」。

　計画によると、地下鉄 17 号線は2020 年に開業の見込み。開業後、亦荘新城、垈頭工業区域、朝陽港、CBD、未来科技城など各エリアの産業発展をリードすると同時に、潘家園、太陽宮、望京西、天通苑など沿線居住エリアの住民約 100 万人が恩恵を得られるものと期待されている。(編集 KM)

　　　　　　　　　　　　　　　　「人民網日本語版」2017 年 4 月 20 日

練習2
自律性に富んだ人は長寿に　自律性を鍛える効果的な方法とは?
人民網日本語版　2017 年 04 月 24 日 15:35

「早く寝なければいけないと分かっているが、ついつい夜遅くまでドラマを見てしまう」、「飲みすぎは肝臓に悪いと分かっているが、お酒の誘いを断れない」、「健康にいいと分かっているが、全く運動しようとしない」。このように、多くの人が生活の中で健康に対して意識しているものの、それを実行する意志が欠けている。一言で言うなら、「自己管理ができない」ということに尽きる。英ロンドン大学の最新研究によると、自己管理をするための自律性に富んだ人はそうでない人よりも健康であるという。生命時報が伝えた。

　米学術誌「米国科学アカデミー紀要」で発表されたこの研究によると、自律性に富んだ高齢者は血液中のコレステロールやC 反応性蛋白(炎症反応が起きているときに血中に現れるタンパク質)の数値が低く、ウエストが細く、代謝性疾患や心血管疾患の発病率が低く、社交性の面でもそうでない人を上回っているという。米カリフォルニア大学の研究でも、自律性に富んだ人はアルコールなどの誘惑に抵抗することが可能で、生活習慣がルーズな人よりも寿命が4 年長いとしている。

　中国科学院心理研究所の研究員である張侃氏は、「自律性とは、各人の自我や環境などの状態によって、自分に最も適した生活スタイルを選択する

こと。また、自分の欲望を抑えたり、身体的・精神的な楽しみを得ること」と語った。また、米国のコラムニストであるスティーブ氏は、「『毎日同じ時間に起きているか?』、『家は片付いているか?』、『自分の健康を考えて食べるものを選んでいるか?』というような質問を頭に思い浮かべ、これらの答えで『はい』が多ければ多いほど自律性に富んでいるといえる」との見方を示した。

自律性を鍛える4つの方法

　米国の心理学者のパーカー氏は、健康的な習慣を身につけるための自律性を鍛える方法として、以下の4つの方法を挙げている。

　1. 具体的な目標の設定。例えば、体を鍛えようとする場合、その具体的な目標を立てる必要がある。▽早寝早起き(午後10時に就寝し、午前6時に起床)をして体を鍛える▽寝る前(午後9時から10時)にヨガを練習する▽1時間ごとに席を立って運動するというような目標を立てるといった具合だ。

　2. 毎日自分に対し目標達成させるように促す。その方法は、▽目標を設定するときにまず自分に、「どんな困難が生じても、その目標を続けることができるか?」と問いかける▽目標が決まったら、友達や家族に自分を監視してもらうようにする、あるいは日記をつけるなどの方法で自分を監視して、目標達成させるようにするというようなものだ。

　3. 自分の弱点を見つけ、その対策を行うこと。例えば禁煙する場合、他の人がタバコを渡してきたら、あなたは吸ってしまうだろうか? 自己管理のできない人は、「例外を作らない」と必ず決め、どんなときでも吸わないようにする必要がある。毎回相手の誘いを断っていれば、タバコを渡してくる人もいなくなっていくだろう。

　4. 目標を達成するたびに祝うこと。目標達成の儀式を行うことで、自分が頑張りを認めることが大事だろう。(編集 YK)

「人民網日本語版」2017年4月24日

第七章

练习1

卓球親善試合 「2016 在日中国企業協会—工商銀行杯」が東京で開催

人民網日本語版　2016 年 09 月 27 日 10：11

　　卓球の親善試合「2016 在日中国企業協会—工商銀行杯」が24 日、在日本中国大使館で開催された。同試合は在日中国企業協会が主催し、中国工商銀行東京支店が協賛。在日本中国大使館の大きなサポートも得て開催された。在日の中国企業、メディア機構、使館などから来た中日の卓球愛好者約100 人が、「友誼が一番」の精神を抱き、試合では卓球の腕前と在日華人の団結精神を披露した。人民網が報じた。

　　同大使館の程永華大使は開会の挨拶の中で、「卓球は中国の国技。中国国内外に卓球愛好者がたくさんいる。特に、中国の外交史における、『ピンポン外交』や『小さいボールが地球を動かす』という精神は今でも受け継がれている。卓球というスポーツを通して、愛好者は若々しい活力を発揮できるほか、在日中国企業間の友誼や海外の華人の結束力を強めることもできる」と語った。

　　中国工商銀行東京支店の何暁建・支店長は取材に対して、「当支店は今後、中日両国間の金融の懸け橋となると同時に、引き続き社会的責任を果たし、中日経済貿易の往来や在日華人間の交流を推進する点で貢献していく」と話した。

练习2

男子陸上短距離中国と日本のガチンコ勝負時代突入

人民網日本語版　2017 年 05 月 15 日 16：47

　　このほど上海で開催された陸上の世界最高峰シリーズ・ダイヤモンドリーグで2004 年アテネオリンピック男子 110mハードル金メダリスト劉翔（リュウショウ）に継ぐスターが登場した。蘇炳添（スー・ビンチャン）選手が13 日夜、世界の強豪を制して男子 100メートルで優勝し、同大会で最も輝かしい「ダイヤモンド」を中国にもたらしたのだ。その後、謝震業（シャシンギョウ）選手が200メートルで中国記録を塗り替えた。これにより、中国で

はポスト・劉翔となる男子短距離走の選手が育っていることが示された形だ。今回は、日本の桐生祥秀選手がフライングを犯して失格となったため、男子100メートルは、中国と日本が1位を争う展開にはならなかった。しかし、8月に英ロンドンで行われる世界陸上競技選手権大会の男子リレーにおいて、中国の最大のライバルが日本であることに変わりはない。北京青年報が報じた。

上海大会で中国のニュースプリンター登場

劉翔が現役を引退して以降、中国はニュースプリンターの登場を首を長くして待っていたが、ついに蘇選手が登場した。

蘇選手がトップの10秒09のタイムでゴールを駆け抜けると、上海八万人体育場には割れんばかりの大歓声が上がり、その大きさは劉翔が金メダルを取った時にも劣らぬほどだった。

ダイヤモンドリーグは、世界のトップレベルのアスリートしか招待されない。今回の男子100メートルも例外でなく、そこで金メダルを獲得したということは、蘇選手が高い実力を誇っていることを示している

中国、男子100メートルに新星登場

唯一、中国の観客がやや満足していないのは、100メートル決勝に中国からは一人しか出場しなかった点だ。ただ、謝選手が200メートル決勝で20秒40というタイムをたたき出し、中国記録を塗り替え、中国の観客たちを大いに喜ばせた。謝選手は、中国短距離走界のバトンをしっかりと受け取ったことを実力で証明した。

昨年のブラジル・リオデジャネイロ五輪の男子100メートルで、謝選手は10秒08をたたき出し、張培萌（チョウ・バイホウ）選手や蘇選手に継ぐ選手と呼ばれるようになった。

本当の意味で今後を担う選手になれるかはさておき、謝選手は8月のロンドン世界陸上の出場権をまず獲得しなければならない。「今後も100メートルの試合に出場して、同大会の参加標準記録10秒12をまず出したい。そして、9秒台を出す次の中国人選手になりたい」と謝選手は話した。

リレーで中国と日本のガチンコ勝負に期待

ダイヤモンドリーグ上海大会では、中国と日本の対決に大きな注目が集まっていた。しかし、桐生選手が失格になり、ケンブリッジ飛鳥選手とサニブラウン・ハキーム選手も実力を発揮できなかった。それでも、中国のコ

ーチは、「世界選手権の男子リレーでは、やはり日本が最大のライバル」と警戒している。

　蘇選手はこれまで、日本のナンバーワンスプリンター・桐生選手と対決する機会があったものの、いずれもすれ違いに終わっている。桐生選手は、「思いもよらず失格になり実力を発揮でなかった。蘇選手と対戦する機会を逃してしまいとても残念」と肩を落としながらも、「世界選手権で対戦するのを楽しみにしている」と語った。

　中国の短距離走のコーチらは、ロンドン世界選手権の400メートルリレーにおいて、日本と火花を散らしている。日本はリオデジャネイロ五輪で銀メダルを取り世界中を驚かせ、中国リレーチームにとって最大のライバルとなった。

练习3

卓球、陳夢が平野美宇にストレート負け　日本が中国を攻略？

人民網日本語版　2017 年 04 月 17 日　14：42

　中国・無錫で行われていた卓球アジア選手権が16 日、閉幕した。中国は今回、6 種目で優勝したものの、女子シングルは2 位に終わった。女子シングル決勝で、中国の陳夢は日本の平野美宇（17）に0〜3でストレート負けを喫した。平野は、「東京五輪の女子団体と女子シングルで金メダルを取る」と意気込みを語っている。平野のそのような自信はどこから来ているのだろう？ 日本の卓球の台頭にはどんな秘密兵器が隠されているのだろう？ 解放日報が報じた。

平野美宇は中国の最大のライバル

　2000 年 4 月 14 日生まれの平野は17 歳の誕生日を迎えたばかり。今大会の準々決勝では、リオデジャネイロ五輪金メダリストの丁寧を3〜2で破る大金星を挙げ、準決勝では世界ランク2 位の前回覇者・朱雨玲をストレートで破った。そして、勢いそのままに決勝でもストレートで陳夢を破った。

　まだ17 歳の平野だが、これまでに何度もその実力の片鱗を見せていた。例えば、2014 年のITTFワールドツアー・ドイツオープン女子ダブルスで、伊藤美誠と「みうみま」コンビを組み、優勝。16 年 10 月の卓球女子ワールドカップ女子シングルでは、史上最年少で優勝し、金メダル独占状態だった中国に待ったをかけた。同試合では、丁寧や劉詩雯（雯は雨へんに文）など

の中国勢がケガのため出場しておらず、その金メダルの価値はやや下がるものの、16歳という史上最年少での優勝は十分に胸を張れる成績で、中国にとっては警鐘となった。

　試合後、中国卓球女子ナショナルチームの孔令輝監督は取材に対して、「平野は中国にとって最大のライバルになった。彼女は福原愛やシンガポールの馮天薇より脅威」と語り、決勝戦について、「平野は陳夢を終始圧倒していた。彼女のテクニックが格段に上だった」とその実力を認めた。

　日本の卓球界は今「低年齢化」が進んでいる。日本の学生たちの間で、卓球は非常に普及しており、日本の「スター育成計画」も若い選手が成長するために良い環境を整えている。福原愛や石川佳純などは、幼いころから家を離れて中国に「卓球留学」し、「スター育成計画」の代表的人物となった。日本卓球協会は近年、中国から多くのコーチを招き、練習レベルを大幅に高めた。例えば、伊藤と平野のコーチも中国人だ。昨年、平野は中国スーパーリーグに参戦し、そのテクニックを飛躍的に伸ばした。

中国のテクニックを学び、中国を破る日本

　上海市卓球・バドミントンセンターの段翔センター長は取材に対して、「スピード、回転、パワーが卓球で一番大切な要素。日本の卓球は20年近く戦略改革を続けており、テクニックは中国のスタイルを学び、スピード優先の道を歩むことで大きな成功を収めている」と説明する。

　中国の戦法「前陣速攻」はスピード重視で、そのテクニックは大きな優位性を誇り、数十年に渡って勢いのあるまま栄え続け、世界一の座を守ってきた。今、日本が中国の成功例に学び、そのスピードは中国よりも速くなっているほどだ。日本は20年近く研究と練習に打ち込み、独自のループドライブ戦法を編み出した。女子選手の中で、平野のスピードはほとんどの中国の選手よりも速く、そのスピードについていけるのは劉選手ぐらいだ。

　段センター長は、「平野が中国の選手に3〜0のストレートで勝ったということは、彼女のスピードという持ち味における圧倒的な優位性があるということ。スピードがなければ、彼女の今のパワーや回転だけでこれほど簡単に勝つことは不可能だ。中国の女子選手はテクニックの面でかなり男性化しているが、その代わりスピードがある程度犠牲になる。中国代表を務めてきた女性選手のうち、スピード、回転、パワーがどれも際立っていたの

は李暁霞で、最もバランスが取れていた」と説明する。

　今回のアジア選手権で、馬龍と許昕(昕は日へんに斤)が韓国人選手と日本人選手に早々に負けるという波乱が起きたことについて、段センター長は、「馬龍の実力は依然として世界トップレベルで、負けたのは単なる偶然。許選手はバックハンドに弱点があり、海外の選手がそれを研究し、攻略法を見つけている。中国の卓球のテクニックの発展は、スピードをメインにし、それに回転とパワーを加えた形になっている。今の日本はスピードが飛躍的に向上し、中国にとっては実質的な脅威となっている。しかし、中国がそれに慣れれば、日本のその脅威は弱まるだろう。その他、中国はスピードを一層向上させなければならない。スピードの点で日本を圧倒しなければ、世界一の地位を保つことはできない」との見方を示している。

第八章

练习1

中国は韓国と共に歴史の真実を守り、地域の平和・安定を維持したい
人民網日本語版　2017 年 12 月 15 日 14：20

　中国外交部(外務省)の陸慷報道官は14 日の定例記者会見で、韓国の文在寅大統領が韓国の政府と国民を代表して中国国民に示した友情を称賛。韓国側と共に歴史の真実を守り、共通の責任と使命を引き受け、地域の平和と安定を守りたいとした。

　文大統領は中国公式訪問の初日にあたる13 日、複数の場で歴史問題に言及し「南京大虐殺から12 月 13 日で80 年になる。韓国国民は中国国民の受けた苦難をわが事のように感じている」と発言。韓国国民を代表して哀悼の意を表し、心に傷を抱える多くの人々に慰問の意を表した。また「北東アジア地域は歴史を直視する姿勢に基づき、協力の門を開くべきだ」と表明した。

　これについて陸報道官は「文大統領が韓国の政府と国民を代表して中国国民に示した友情を称賛する。中韓両国は隣人であり、両国民は日本の植民・侵略に抵抗し、民族解放を勝ち取る闘争の中で団結し、助け合い、世界反ファシズム戦争の勝利にも重要な貢献をした」と表明。「中国側は韓国側と共に歴史の真実を守り、共通の責任と使命を引き受け、地域の平和と安定

を守りたい」と述べた。

練習2

李克強総理　ロシアのメドベージェフ首相と会談

人民網日本語版　2017年12月03日15:32

　国務院の李克強総理は現地時間の1日午後、ロシア・ソチのラディソン会議センターで、同国のメドベージェ首相と会談した。

　李総理は、「目下の世界経済が復興し、貿易が回復する背景の中で、中国とロシアはチャンスをつかまえ、貿易投資の自由化と円滑化を促進しなければならない。相互補完の優位性をよりよく発揮し、エネルギー、投資、航空、宇宙などの戦略的大型プロジェクトでの協力を引き続き推進し、科学技術革新分野での協力をさらに開拓し、中小企業と地方との協力の潜在力を喚起し、人的・文化的交流を密接にし、中国・ロシア間の実務協力の質向上・バージョンアップを促進しなければならない。上海協力機構（SCO)プラットフォームの役割を引き続き発揮させ、地域の運命共同体を共同構築し、世界の開放的で包摂的な発展と恒久平和を促進するために知恵とパワーで寄与しなければならない」と述べた。

　メドベージェフ首相は、「ロシアと中国はトップの頻繁な交流を維持し、実務協力が絶えず進展を遂げている。このことは、ロシアと中国の全面的な戦略的協力パートナーシップが高い水準にあることを十分に示すものだ。ロシアはこのたびのSCO加盟国の政府首脳（首相）理事会第16回会議が積極的な成果を獲得したことをうれしく思う。ロシアは中国とともに両国関係の発展を推進していきたい」と述べた。

練習3

国務院全体会議が政府活動報告草案を議論

人民網日本語版　2018年01月23日11:31

　李克強総理は22日午前、国務院第8回全体会議を召集した。会議は第13期全人代第1回会議に上程する政府活動報告について話し合い、草案について各省（自治区・直轄市）と中央国家機関などから意見を求めることを決定した。新華社が伝えた。

　李総理は「全国人民代表大会への活動報告は、国務院にとって法定職責で

あり、国民に提出する答案、各方面の発展の共通認識を集める年度末試験でもある。社会各界の意見を幅広く聴き、大衆の期待を知り、政府活動報告が質の高い発展の推進、改革開放の深化、重大な難題の解決、国民のより良い幸福という要請を十分に体現するようにし、政府活動報告のたゆまぬ改善・向上 を促進する必要がある」と指摘。

「第19回党大会の精神を全面的に深く貫徹し、習近平による新時代の中国の特色ある社会主義思想を指導に、新発展理念を実行に移し、供給側構造改革を主軸に、得難い発展のチャンスをしっかりと捉え、直面する様々な試練を十分に認識し、安定成長、改革促進、構造調整、民生重視、リスク防止の各取り組みを統合的に仕上げ、重大リスクの防止・解消、貧困脱却、汚染対策の三大堅塁攻略戦を断固として成し遂げ、質の高い発展を推進する中でわが国経済の革新力・競争力を増強し続け、改革開放を深化する中で市場の活力と社会の創造力を増強し続け、教育・医療・高齢者・住宅・環境保護など大衆が関心を寄せる民生の取り組みをより良く行い、国民の獲得感・幸福感・安全感を増強し続けなければならない」と強調した。

图书在版编目(CIP)数据

中日新闻编译 / 武锐主编. — 南京 : 南京大学出版社,2018.7

ISBN 978 - 7 - 305 - 20130 - 1

Ⅰ. ①中… Ⅱ. ①武… Ⅲ. ①新闻－日语－翻译－高等学校－教材②新闻－日语－编辑－高等学校－教材

Ⅳ. ①G210

中国版本图书馆 CIP 数据核字(2018)第 085142 号

出版发行	南京大学出版社
社　　址	南京市汉口路 22 号　　　邮　编　210093
出 版 人	金鑫荣
书　　名	**中日新闻编译**
主　　编	武　锐
责任编辑	董　瑜　董　颖　　　编辑热线　025 - 83592655
照　　排	南京南琳图文制作有限公司
印　　刷	丹阳市兴华印刷厂
开　　本	787×960　1/16　印张　10.75　字数 182 千
版　　次	2018 年 7 月第 1 版　2018 年 7 月第 1 次印刷
	ISBN 978 - 7 - 305 - 20130 - 1
定　　价	33.00 元

网址：http://www.njupco.com

官方微博：http://weibo.com/njupco

官方微信号：njupress

销售咨询热线：(025) 83594756